社区书系
社区工作者常用知识百问百答系列图书

社区公益慈善知识百问百答

陈 慧 主编

SHEQU GONGYI CISHAN ZHISHI BAIWENBAIDA

华龄出版社
HUALING PRESS

图书在版编目(CIP)数据

社区公益慈善知识百问百答 / 陈慧主编. -- 北京 ：华龄出版社，2021.12

ISBN 978—7—5169—2146—3

Ⅰ. ①社… Ⅱ. ①陈… Ⅲ. ①社区—慈善事业—社会服务—中国—问题解答 Ⅳ. ①D632.1—44

中国版本图书馆 CIP 数据核字(2021)第 273483 号

策　　划	社区部　善爱社工	**责任印制**	李未圻
责任编辑	薛　治	**装帧设计**	唐韵设计

书　　名	社区公益慈善知识百问百答	**作　　者**	陈　慧
出　　版 发　　行	华龄出版社 HUALING PRESS		
社　　址	北京市东城区安定门外大街甲 57 号	**邮　　编**	100011
发　　行	(010)58122255	**传　　真**	(010)84049572
承　　印	三河市腾飞印务有限公司		
版　　次	2022 年 3 月第 1 版	**印　　次**	2022 年 3 月第 1 次印刷
规　　格	710mm×1000mm	**开　　本**	1/16
印　　张	12	**字　　数**	130 千字
书　　号	ISBN 978—7—5169—2146—3		
定　　价	48.00 元		

“社区工作者常用知识百问百答系列图书”
编委会

为社会基层治理服务，打造社区所需的精品图书
——华龄出版社“社区书系”倾情奉献

“社区书系”是为适应新时代基层社会治理需要，深入贯彻党的十九届四中全会、五中全会关于“构建基层社会治理新格局”“社会治理特别是基层治理水平明显提高”的重要部署，落实习近平总书记关于“建立一支素质优良的专业化社区工作者队伍”的指示要求而策划编写的，旨在为社区工作人员提供系统的社区工作理论和方法指导，提高社区工作者的理论素养和工作能力，推进社区治理体系与治理能力现代化。

“社区书系”是一个融图书、视频、服务为一体的新型复合出版工程，内容体系包括三个方面：

纸质图书　通过纸质图书阅读，为社区工作者提供系统的理论和方法指导。

线上课程　通过视频课程、网络直播课程，深化重点知识，解读难点知识。

专家服务　通过线下培训、现场诊断等，解决社区工作中存在的问题症结。

华龄出版社是中国老龄协会主管主办的中央部委出版社，为出版“社区书系”专门成立了“社区部”，全面统筹谋划出版。“社区书系”计划出版图书 200 种，覆盖社区工作各个方面，现面向全国诚邀熟悉社区工作的专家、学者加盟“社区书系”出版计划，一起为中国社区的发展繁荣出一份力！

社区视频培训讲座

前言

社区是城市建设的重要组成部分，也是广大居民群众生活的地方。2020年，习近平总书记在吉林考察时强调，推进国家治理体系和治理能力现代化，社区治理只能加强、不能削弱。社区工作人员在社区治理中直面人民群众，需要时刻联系广大社区居民，协助党和政府做好社区的各种管理与服务。可以说，社区工作人员素质的高低，将决定我国未来社会治理水平的高低。

由于社区工作涉及领域十分广泛，工作任务繁杂琐碎，社区工作者需要了解和掌握很多领域的知识，熟悉一系列最新的政策、法规，掌握一系列行之有效的工作流程、方法，才能够胜任新时代的社区工作。当前，相关领域知识的欠缺、工作能力的不足是很多社区工作者存在的主要问题，缺少高素质的社区工作人员队伍是社区治理现代化面临的重要问题。正是基于这样的分析判断，华龄出版社为了助力建设美好社区，解决当前和今后一个时期社区工作者的迫切需求，提高社区工作者的知识素养和工作能力，推进社区治理能力和治理水平现代化，特别成立了“社区部”，推出了“社区书系”中的一个分系：社区工作者常用知识百问百答系列图书。

该系列图书选取了社区工作非常重要的十个领域——平安建设、政策法律宣传、未成年人教育保护、社会救助、突发事件处理、邻里关系处理、社区养老、婚姻家庭、居民防骗、公益慈善等，从每个领域中精选出

100多个常见的问题，以问答的形式呈现出来，并进行科学的分类，便于社区工作者学习参考，学有所用，工作起来更加得心应手。

“社区工作者常用知识百问百答系列图书”有以下几个特点：

1.内容丰富，知识全面

内容涉及平安建设、政策法律宣传、未成年人教育保护、社会救助、突发事件处理等十大社区工作的重要领域，涵盖了这些领域的一般常识和重要知识。这些知识都是社区工作者需要了解和掌握的。

2.体例新颖，分类科学

将重要的知识点以问答形式呈现出来，并按照细分工作领域和知识类型将这些问题进行了细致的分类，帮助读者梳理和建构知识架构；还设置有“知识链接”环节，进一步拓宽知识面，帮助读者加深了解和掌握。

3.专家团队，倾力打造

本系列图书由著名社会学家陈慧教授领衔主编，众多社会学专家、学者、资深图书编辑组成了庞大的编写团队，确保图书内容权威、理念先进、思想前卫，切中了当前社区工作中的问题和广大社区工作者的迫切需求。

4.通俗易懂，实用性强

图书语言通俗易懂，内容深入浅出，学习阅读毫无压力。书中引用了大量最新的政策、法规，不光有知识理论，还有丰富的案例和工作方法指导，具有很强的实用性，对新时代社区工作具有很强的指导作用。

本系列图书融知识性、可读性和实用性于一体，是一套便于社区工作者进行知识查阅、指导社区工作者做好社区工作的必备工具书，有助于提高社区工作者的知识素养和能力水平。由于时间和能力有限，书中难免存在不足之处，敬请广大读者批评指正。

编　者

目 录

第一章　公益基础知识

1. 什么是公益？

公益是指有关社会公众的福祉和利益。当今社会的公益通常指的是公益事业，是为人民服务，但是并不要求回报的一种活动。

公益活动是现代社会条件下的产物，是公民参与精神的表征。公益活动要生产出有利于保障社会公共安全、有利于增加社会福利的公共产品。在组织公益活动时，要遵循公德、符合公意，努力形成参与者多赢共益的良好氛围。因而，公益活动至少应包含公民、公共、公德、公意和共益等五个要素。

现代的公益是人人都可以参与的公益。无论是个人还是集体，都可以通过公益活动、公益基金、公益网站等途径直接参与。人们通过网络参与公益活动，可以真正实现高速，达到面广的效果。通过各个地方各种人的协作，让世界更美好。

知识链接

公益起源于民间古老的互助传统。在生产力极其低下的原始社会时期，人类为了繁衍生息，过着共同劳动、相依为命的群体生活，这其中蕴涵着公益行为产生的萌芽。在原始群体部落及氏族中，扶老携幼、照顾病残以及人们之间的互相救济，作为一种世代承袭的习俗渐渐演化为普遍性的救助行为而带有社会公益的性质。

随着人类社会的进步和发展，贫富差距开始出现。此时，一方面存在着需要他人援助的弱者或者不幸者，另一方面出现了有能力援助他人的群体和具体途径，在双方的共同推动及仁爱道德的感召下，公益事业就产生了。

2.公益与慈善有何区别？

说起公益慈善，很多人难免会说，公益不就是慈善吗？慈善不也就是公益吗？其实不然，公益与慈善是有明显区别的。公益与慈善的区别主要有以下方面：

(1)从隶属范围来说，公益包含慈善。慈善是公益的一部分，但却不能代替公益，公益却可以代表慈善。

(2)在工作理念上，慈善是针对当事人当前的困难而采取的一种与之对应的措施，不需要关注产生的原因以及后果等等；而公益着眼于解决社会问题，会追溯到问题的根源，以及问题的最终影响，包括从思想观念，从制度、文化、经济甚至是从政治层面去解决问题。

(3)从工作方法上，慈善大多是给予受助者物质、金钱或者人力等看得见的帮助；而公益除了投入这样看得见的之外，还会包括一些概念的普及、思想的转变、移风易俗等无形的内容。同时，慈善侧重去做什么，而公益还会包括不做什么。

(4)在工作对象上，慈善主要指的是一些特定需要帮助的人群，比如受难者等；而公益的对象是整个社会所有的人，比如二手烟所伤害的人等。所以公益的对象不仅仅是受害者，还包括施害者，需要通过公益宣传来改变他们的思想，促进社会的和谐。

(5)从从事者来说，做慈善的人多是经济与生活条件上有优势，愿意去帮助处于弱势地位人群的人；而公益是我们社会上的每个公民，甚至受助者也可以从事公益。

(6)从社会地位来说，慈善的受助者和捐赠者在社会地位和行动角色中都是不平等的，而公益是人人平等的，人人都应该尽自己的义务与责任。慈善是单向的给予，是有能力的人对弱势的给予，弱势是单纯的接受者；公益中，强势和弱势是可以转换的。

(7)从价值观上，慈善多是强调做好事，是处于人道主义关怀，体现的是同情怜悯之心；而公益关注人权与民权问题，体现尊重、多元、包容、非暴力等。

知识链接

慈善与公益都是指基于爱心去帮助需要帮助的人，两者的主要区别在于：面向对象不同，解决范围不同。慈善面向个体，解决个体问题，但不能解决根本问题；公益面向大众，解决社会问题，并且是从根源上解决社会问题。

3.什么是公益事业？

公益事业作为一种非营利性事业，其目的是为了造福他人、社会乃至整个人类，它具有社会性、共享性及社会福利性等特点，使其能够在缩小贫富差距、整合社会资源、缓和社会矛盾、弘扬社会道德风尚、构建和谐社会等方面发挥重要作用，为社会可持续发展提供重要保障。

根据《中华人民共和国公益事业捐赠法》，公益事业是指非营利的下列事项：救助灾害、救济贫困、扶助残疾人等困难的社会群体和个人的活动；教育、科学、文化、卫生、体育事业；环境保护、社会公共设施建设；促进社会发展和进步的其他社会公共和福利事业。

知识链接

公益事业有五个特点：

(1)外在性。属于公益事业的部门和企业及其活动一般处在直接生产过程、个别经营活动和居民的日常生活之外，独立存在、并行运转，并构成相对独立的系统。

(2)社会性。大部分公益事业主要依靠社会投资和建设，资金依靠国家财政解决，投资主要表现为社会效益和环境效益。

(3)共享性。公益事业的服务是为许多单位和居民共享的。

(4)无形性。公益事业所提供的产品大多是无形的服务，而不是有形的物质产品。

(5)福利性。公益事业所提供的产品带有很大成分的社会服务和社会福利性质。

4. 开展公益活动应遵循哪些原则？

(1)透明原则。公益活动从开始到结束都应该公开运行。只有是阳光的，才是健康的，才能是持续开展的、不断发展的。

(2)自愿原则。只有自愿的，才是发自内心的，也才是最珍贵的。坚持自愿参与、量力而行。自愿奉献精神是保证公益活动健康发展的动力。

(3)义务原则。有了透明、自愿的基础，义务就成了不求物质回报、只求精神愉快、帮助他人而获得满足感并且升华人生意义的必然条件。

(4)平等原则。对于每一个参与爱心奉献的人士来说，无论是奉献者还是接受者，都没有高低贵贱之分，人格都是平等的。

(5)谨慎原则。尽量周密策划、细致做事，抱着如履薄冰的心态做每一件善事，避免不必要的失误和伤害。

(6)广泛原则。让尽可能多的爱心人士参与公益活动，使爱心事业具有普遍意义，具有可操作性和可推广性。

(7)信诺原则。诚信守诺是爱心奉献活动的基石。对于捐赠者意愿的遵守，是对捐赠者爱心的尊重；对于受捐者意愿的遵守，是对受捐者人格的尊重。

(8)包容原则。爱心奉献活动中遇见的委屈、不理解等是对每一个爱心奉献者意志的考验。要有宽广的包容心。

(9)规范化原则。建立规范的爱心公益活动流程，可以节省人力和物力并避免混乱。

(10)不违法原则。依据“法不禁止即可行”原则，可以采用任何不违法的方式来实现爱心的奉献。

知识链接

开展公益活动的作用在于：体现助人为乐的高贵品质，展示无私奉献的精神风貌，能够给公众留下可以信任的美好印象。

5.公益活动的对象和内容有哪些?

公益活动的对象和内容广泛,这里介绍几种常见的类型。

(1)体育赞助。体育活动拥有广泛的观众,往往也是新闻媒体报道的对象,对公众的吸引力比较大。因此,赞助体育活动,往往是社会组织公益活动的重要选择。常见的方式有赞助某一项体育运动、赞助某一次体育比赛和赞助体育设施的购置等。

(2)文化赞助。文化生活是社会生活的重要内容之一。进行文化生活方面的赞助,不仅可以促进文化事业的发展,丰富公众的生活内容,还可以培养与公众的良好感情,大大提高组织的知名度。这类赞助方式有:一是对文化活动的赞助,如对大型联欢晚会、文艺演出、电视节目的制作和电影的拍摄等赞助;二是对文化事业的赞助,如对科学与艺术研究、图书的出版和文化艺术团体等赞助。

(3)教育赞助。教育是立国之本,发展教育事业是国家的基本战略。社会组织赞助教育事业,不仅有利于教育事业的发展,还有利于融洽社会组织与教育单位的关系,有利于组织的人才招聘与培训,有利于树立社会组织关心社会教育的良好形象。常见的赞助方式有:赞助学校的基本建设,如图书馆、实验楼等的建设,或者为贫困地区建校办学、修缮校舍或场地;赞助学校专项经费,如专项科研基金和设立奖学金等;赞助教学用品,如设备、器材和图书资料等。

(4)学术理论。各种学术理论研究活动,有的是直接服务于整个社会的,有的是某些社会生产技术的发展战略研究,组织可以自己设立机构,也可以长期支持某些学术研究机构的研究活动。社会组织赞助学术理论活动，既可以利用学术理论活动在公众中的影响，提高社会组织的知名度，又有利于得到专家的咨询和建议，从而改进社会组织的工作。

(5)福利慈善。赞助社会福利和慈善事业，是指组织通过出资参加社区市政建设，为各种需要社会照顾的人提供物质帮助和开展义务服务活动等。对社会承担义务和责任，既有利于组织搞好与社区、政府和公众的关系，又有利于扩大组织的影响。常见的赞助社会福利和慈善事业形式有赞助养老院、福利院、康复中心、公园、少年宫，在一些地区或单位遭受灾难时提供资助，出资修建社区马路、天桥，以及赞助残疾人事业等。

知识链接

公益活动是指一定的组织或个人向社会捐赠财物、时间、精力和知识等活动。公益活动的内容包括社区服务、环境保护、知识传播、公共福利、帮助他人、社会援助、社会治安、紧急援助、青年服务、慈善、社团活动、专业服务、文化艺术活动、国际合作等。

6. 公益组织的类型有哪些?

公益组织主要包括依法成立的两类组织：公益性社会团体和公益性非营利事业单位。

(1)公益性社会团体是指依法成立的，以发展公益事业为宗旨的基金会慈善组织等社会团体。

(2)公益性非营利事业单位，是指依法成立的，从事公益事业的，不以营利为目的的教育机构、科学研究机构、医疗卫生机构、社会公共文化机构、社会公共体育机构和社会福利机构等。

知识链接

公益组织一般是指那些非政府的、不把利润最大化当作首要目标，且以社会公益事业为主要追求目标的社会组织。早先的公益组织主要从事人道主义救援和贫民救济活动，很多公益组织起源于慈善机构。我国一些学者则把它称作第三部门或非营利机构，以区别于政府组织和企业组织等。

7. 如何做好公益活动的策划工作？

要使开展的公益活动取得成功，必须认真地搞好策划工作，具体步骤如下：

(1)制订赞助政策。根据组织的公众关系现状、目标、政策和经济能力，决定年度公益活动赞助金额，制订切实可行的赞助政策。

(2)传播赞助信息。公共关系人员应该把组织的赞助政策，通过适当的传播渠道和传播方式，传递给可能向本组织提出赞助要求的单位。

(3)确定赞助对象。主要包括以下几个方面：

①掌握赞助对象情况。包括赞助对象业务内容、社会信誉、公众关系、面临问题等，以便有选择地进行赞助。

②了解赞助项目情况。包括项目提出的背景，对公众的影响力，项目所需花费的财力、人力与物力情况，以及操作实施过程中可能出现的困难和问题等。

③进行成本效益分析。即进行赞助成本（组织付出的全部财力、人力、物力）与综合效益（赞助活动可能获得的经济效益与社会效益）之

分析。

④认真确定赞助对象。社会组织的赞助活动应纳入科学管理的轨道,即以本组织的公共关系目标、本组织面对的社会环境为出发点,按照有利于组织综合效益提高的原则,充分考虑多方面利益,协调平衡,确定赞助对象,防止盲目赞助或因个人主观感情色彩而影响赞助。

(4)沟通赞助对象。已经批准确定的赞助对象,要及时通知对方,做好实施准备。对不能满足或者不能全部满足赞助要求的对象,应该坦率相告,诚恳解释原因,争取互相理解。

(5)实施赞助计划。组织应安排专门的公共关系人员或组织专门的工作班子,负责赞助活动的具体实施。主要包括以下几个方面:

①分工负责落实。对整个赞助活动中的各个项目或环节,应分派具体人负责落实,各负其责,密切配合。

②运用公关技巧。在实施过程中,公共关系人员应充分运用各种公共关系技巧与方法,以求最佳效果。

③扩大组织影响。赞助活动本身就是为了扩大社会组织的影响,因此在赞助活动中,应尽量利用多种传播方式、途径,帮助主要活动的开展,扩大其影响。如利用大众传播媒介广泛宣传报道,利用广告传播烘托气氛,强化效果。

(6)进行效果评估。赞助活动完成后,应进行效果评估,要总结经验,吸取教训。主要包括以下几个方面:评估公众评价与反响;评估赞助计划完成情况;制作赞助活动的声像资料;写赞助活动总结;做好新闻报道剪报资料的存档工作。

知识链接

有关组织开展公益活动的目的有两方面:一是显示爱心,为本组织树立起关心社会公益事业、具有高度社会责任感的良好形象;二是一次比商业广告更具说服力的宣传机会，有利于提高组织的知名度和美誉度。因此，开展公益活动得到了有经济实力组织的普遍重视。

参加公益活动的好处有：可以培养社会责任意识，参与意识，锻炼并提高社会活动能力，有利于理论联系实际指导实践，更好的了解社会和现实，更好的理解和掌握书本知识；有利于青少年的健康成长，培养综合素质；等等。

8. 什么是公益信托？

公益信托是指为了下列公益目的之一而设立的信托：救济贫困；救助灾民；扶助残疾人；发展教育、科技、文化、艺术、体育事业；发展医疗卫生事业；发展环境保护事业，维护生态环境；发展其他社会公益事业。

知识链接

《中华人民共和国信托法》明确规定：

第六十一条：

国家鼓励发展公益信托。

第六十二条：

公益信托的设立和确定其受托人，应当经有关公益事业的管理机构（以下简称公益事业管理机构）批准。

未经公益事业管理机构的批准，不得以公益信托的名义进行活动。

9. 如何设立与终止公益信托?

(1)公益信托的设立。根据《中华人民共和国信托法》,设立公益信托的条件主要包括以下方面:

①必须有合法的信托目的。

②必须有确定的信托财产,并且该信托财产必须是委托人合法所有的财产。

③采取书面形式(包括信托合同、遗嘱或者法律、行政法规规定的其他书面文件等)。其书面文件应当载明下列事项:一是信托目的;二是委托人、受托人的姓名或者名称、住所;三是受益人或者受益人范围,信托财产的范围、种类及状况;四是受益人取得信托利益的形式、方法。除此之外,书面文件还可以载明信托期限、信托财产的管理方法等事项。

④公益信托的设立,应当经有关公益事业的管理机构批准。

(2)公益信托的终止。《中华人民共和国信托法》对公益信托的终止作了具体规定:

①受托人应当于终止事由发生之日起 15 日内,将终止事由和终止日期报告公益事业管理机构。

②受托人作出的处理信托事务的清算报告,应当经信托监察人认可后,报公益事业管理机构核准,并由受托人予以公告。

另外,根据《中华人民共和国信托法》第五十三条规定,有下列情形之一的,信托终止:信托文件规定的终止事由发生;信托的存续违反信托目的;信托目的已经实现或者不能实现;信托当事人协商同意;信托被撤销;六是信托被解除。

知识链接

《中华人民共和国信托法》第十一条：

有下列情形之一的，信托无效：

（一）信托目的违反法律、行政法规或者损害社会公共利益；

（二）信托财产不能确定；

（三）委托人以非法财产或者本法规定不得设立信托的财产设立信托；

（四）专以诉讼或者讨债为目的设立信托；

（五）受益人或者受益人范围不能确定；

（六）法律、行政法规规定的其他情形。

10. 受托人的权利和义务有哪些？

（1）受托人的权利

①取得报酬的权利。受托人有权依照信托文件的约定取得报酬。信托文件未作事先约定的，经信托当事人协商同意，可以作出补充约定；未作事先约定和补充约定的，不得收取报酬。约定的报酬经信托当事人协商同意，可以增减其数额。

②优先受偿的权利。受托人因处理信托事务所支出的费用、对第三人所负债务，以信托财产承担。受托人以其固有财产先行支付的，对信托财产享有优先受偿的权利。

③起诉权利。公益事业管理机构违反《中华人民共和国信托法》规定的，委托人、受托人或者受益人有权向人民法院起诉。

(2)受托人的义务

①履职义务。公益信托的受托人未经公益事业管理机构批准,不得辞任。

②接受检查义务。公益事业管理机构应当检查受托人处理公益信托事务的情况及财产状况。

③报告公告义务。受托人应当至少每年一次作出信托事务处理情况及财产状况报告,经信托监察人认可后,报公益事业管理机构核准,并由受托人予以公告。公益信托终止的,受托人应当于终止事由发生之日起十五日内,将终止事由和终止日期报告公益事业管理机构;受托人作出的处理信托事务的清算报告,应当经信托监察人认可后,报公益事业管理机构核准,并由受托人予以公告。

④定向处理信托财产义务。公益信托终止,没有信托财产权利归属人或者信托财产权利归属人是不特定的社会公众的,经公益事业管理机构批准,受托人应当将信托财产用于与原公益目的相近似的目的,或者将信托财产转移给具有近似目的的公益组织或者其他公益信托。

知识链接

《中华人民共和国信托法》第二十五条:

受托人应当遵守信托文件的规定,为受益人的最大利益处理信托事务。

受托人管理信托财产,必须恪尽职守,履行诚实、信用、谨慎、有效管理的义务。

《中华人民共和国信托法》第二十六条:

受托人除依照本法规定取得报酬外,不得利用信托财产为自己谋取利益。

受托人违反前款规定,利用信托财产为自己谋取利益的,所得利益归入信托财产。

《中华人民共和国信托法》第二十七条：

受托人不得将信托财产转为其固有财产。受托人将信托财产转为其固有财产的，必须恢复该信托财产的原状；造成信托财产损失的，应当承担赔偿责任。

11. 非营利组织的含义及作用有哪些？

非营利组织是指不以营利为目的的组织，它的目标通常是支持或处理个人关心或者公众关注的议题或事件。非营利组织所涉及的领域非常广，包括艺术、慈善、教育、学术、环保等。它的运作并不是为了产生利益，这一点通常被视为这类组织的主要特性，同时具有非营利性、民间性、自治性、志愿性、非政治性、非宗教性等重要特征。

非营利组织包括志愿团体、社会组织或民间协会，是介于政府与营利性企业之间的“第三部门”。它与政府部门（第一部门）和企业界的私部门（第二部门），形成三种影响社会的主要力量。

非营利组织的作用有：

（1）社会服务。为社会成员提供中介服务和直接服务。

（2）社会沟通。为政府与企业、政府与社会之间的沟通充当桥梁。一方面，向政府反映企业、社会的意见、建议，为政府提供信息；另一方面，协助政府作好宣传、指导、监督等方面的工作。

（3）社会评价。对生产、消费品作出公正的评价。

(4)社会裁断。调解社会成员之间的纠纷,例如消费者权益保护协会。

知识链接

联合国国际标准产业分类体系把非营利组织划分如下:

(1)教育:小学教育、中学教育、大学教育、成人教育及其他;

(2)医疗和社会工作:医疗保健、兽医和社会工作;

(3)其他社区服务和个人服务:环境卫生、商会和专业组织、工会、其他会员组织(包括宗教和政治组织),娱乐机构、新闻机构,图书馆、博物馆及文化机构,运动和休闲。

12.关于捐赠有哪些法律规定?

关于捐赠,《中华人民共和国公益事业捐赠法》有以下规定:

(1)捐赠应当是自愿和无偿的,禁止强行摊派或者变相摊派,不得以捐赠为名从事营利活动。

(2)捐赠应当遵守法律、法规,不得违背社会公德,不得损害公共利益和其他公民的合法权益。

(3)自然人、法人或者其他组织可以选择符合其捐赠意愿的公益性社会团体和公益性非营利的事业单位进行捐赠。捐赠的财产应当是其有权处分的合法财产。

(4)捐赠人对于捐赠的公益事业工程项目可以留名纪念;捐赠人单独捐赠的工程项目或者主要由捐赠人出资兴建的工程项目,可以由捐赠人提出工程项目的名称,报县级以上人民政府批准。

(5)境外捐赠人捐赠的财产,由受赠人按照国家有关规定办理入境手续;捐赠实行许可证管理的物品,由受赠人按照国家有关规定办理许可证申领手续,海关凭许可证验放、监管。华侨向境内捐赠的,县级以上人民政府侨务部门可以协助办理有关入境手续,为捐赠人实施捐赠项目提供帮助。

知识链接

《中华人民共和国公益事业捐赠法》第十二条:

捐赠人可以与受赠人就捐赠财产的种类、质量、数量和用途等内容订立捐赠协议。捐赠人有权决定捐赠的数量、用途和方式。

捐赠人应当依法履行捐赠协议,按照捐赠协议约定的期限和方式将捐赠财产转移给受赠人。

《中华人民共和国公益事业捐赠法》第十三条:

捐赠人捐赠财产兴建公益事业工程项目,应当与受赠人订立捐赠协议,对工程项目的资金、建设、管理和使用作出约定。

捐赠的公益事业工程项目由受赠单位按照国家有关规定办理项目审批手续,并组织施工或者由受赠人和捐赠人共同组织施工。工程质量应当符合国家质量标准。捐赠的公益事业工程项目竣工后,受赠单位应当将工程建设、建设资金的使用和工程质量验收情况向捐赠人通报。

13. 关于受赠有哪些法律规定?

关于受赠,《中华人民共和国公益事业捐赠法》有以下规定:

(1)公益性社会团体和公益性非营利的事业单位可以依照《中华人

民共和国公益事业捐赠法》接受捐赠。

(2)在发生自然灾害时或者境外捐赠人要求县级以上人民政府及其部门作为受赠人时，县级以上人民政府及其部门可以接受捐赠，并依照《中华人民共和国公益事业捐赠法》的有关规定对捐赠财产进行管理。县级以上人民政府及其部门可以将受赠财产转交公益性社会团体或者公益性非营利的事业单位；也可以按照捐赠人的意愿分发或者兴办公益事业，但是不得以本机关为受益对象。

(3)受赠人接受捐赠后，应当向捐赠人出具合法、有效的收据，将受赠财产登记造册，妥善保管。

知识链接

《中华人民共和国民法典》第六百六十条：

经过公证的赠与合同或者依法不得撤销的具有救灾、扶贫、助残等公益、道德义务性质的赠与合同，赠与人不交付赠与财产的，受赠人可以请求交付。

14.关于捐赠财产有哪些法律规定？

关于捐赠财产，《中华人民共和国公益事业捐赠法》有以下规定：

(1)捐赠财产的使用应当尊重捐赠人的意愿，符合公益目的，不得将捐赠财产挪作他用。

(2)公益性社会团体受赠的财产及其增值为社会公共财产，受国家法律保护，任何单位和个人不得侵占、挪用和损毁。

(3)公益性社会团体应当将受赠财产用于资助符合其宗旨的活动和

事业。对于接受的救助灾害的捐赠财产，应当及时用于救助活动。基金会每年用于资助公益事业的资金数额，不得低于国家规定的比例。公益性社会团体应当严格遵守国家的有关规定，按照合法、安全、有效的原则，积极实现捐赠财产的保值增值。公益性非营利的事业单位应当将受赠财产用于发展本单位的公益事业，不得挪作他用。对于不易储存、运输和超过实际需要的受赠财产，受赠人可以变卖，所取得的全部收入，应当用于捐赠目的。

(4)受赠人与捐赠人订立了捐赠协议的，应当按照协议约定的用途使用捐赠财产，不得擅自改变捐赠财产的用途。如果确需改变用途的，应当征得捐赠人的同意。

(5)受赠人应当依照国家有关规定，建立健全财务会计制度和受赠财产的使用制度，加强对受赠财产的管理。

(6)受赠人每年度应当向政府有关部门报告受赠财产的使用、管理情况，接受监督。必要时，政府有关部门可以对其财务进行审计。海关对减免关税的捐赠物品依法实施监督和管理。县级以上人民政府侨务部门可以参与对华侨向境内捐赠财产使用与管理的监督。

(7)捐赠人有权向受赠人查询捐赠财产的使用、管理情况，并提出意见和建议。对于捐赠人的查询，受赠人应当如实答复。

(8)受赠人应当公开接受捐赠的情况和受赠财产的使用、管理情况，接受社会监督。

(9)公益性社会团体应当厉行节约，降低管理成本，工作人员的工资和办公费用从利息等收入中按照国家规定的标准开支。

知识链接

《中华人民共和国公益事业捐赠法》第八条：

国家鼓励公益事业的发展，对公益性社会团体和公益性非营利的事业单位给予扶持和优待。

国家鼓励自然人、法人或者其他组织对公益事业进行捐赠。

对公益事业捐赠有突出贡献的自然人、法人或者其他组织，由人民政府或者有关部门予以表彰。对捐赠人进行公开表彰，应当事先征求捐赠人的意见。

15. 关于捐赠，哪些行为要承担法律责任？

（1）受赠人未征得捐赠人的许可，擅自改变捐赠财产的性质、用途的，由县级以上人民政府有关部门责令改正，给予警告。拒不改正的，经征求捐赠人的意见，由县级以上人民政府将捐赠财产交由与其宗旨相同或者相似的公益性社会团体或者公益性非营利的事业单位管理。

（2）挪用、侵占或者贪污捐赠款物的，由县级以上人民政府有关部门责令退还所用、所得款物，并处以罚款；对直接责任人员，由所在单位依照有关规定予以处理；构成犯罪的，依法追究刑事责任。追回、追缴的捐赠款物，应当用于原捐赠目的和用途。

（3）在捐赠活动中，有下列行为之一的，依照法律、法规的有关规定予以处罚；构成犯罪的，依法追究刑事责任：逃汇、骗购外汇的；偷税、逃税的；进行走私活动的；未经海关许可并且未补缴应缴税额，擅自将减税、免税进口的捐赠物资在境内销售、转让或者移作他用的。

（4）受赠单位的工作人员，滥用职权，玩忽职守，徇私舞弊，致使捐赠财产造成重大损失的，由所在单位依照有关规定予以处理；构成犯罪的、依法追究刑事责任。

知识链接

《中华人民共和国刑法》第二百七十一条：

公司、企业或者其他单位的工作人员，利用职务上的便利，将本单位财物非法占为己有，数额较大的，处三年以下有期徒刑或者拘役，并处罚金；数额巨大的，处三年以上十年以下有期徒刑，并处罚金；数额特别巨大的，处十年以上有期徒刑或者无期徒刑，并处罚金。

16. 组织救灾捐赠与募捐应遵循哪些规定？

根据《救灾捐赠管理办法》，组织救灾捐赠与募捐应当遵循以下几个方面的规定：

（1）国务院民政部门可以根据灾情组织开展跨省（自治区、直辖市）或者全国性救灾捐赠活动，县级以上地方人民政府民政部门按照部署组织实施。经同级人民政府批准，县级以上地方人民政府民政部门组织开展本行政区域内的救灾捐赠活动，但不得跨区域开展。在县级以上地方人民政府民政部门开展的救灾捐赠活动中，同级人民政府辖区内的各系统、各部门、各单位在本系统、本部门、本单位内组织实施。

（2）开展义演、义赛、义卖等大型救灾捐赠和募捐活动，举办单位应当在活动结束后 30 日内，报当地人民政府民政部门备案。备案内容包括：举办单位、活动时间、地点、内容、方式及款物用途等。

（3）具有救灾宗旨的公募基金会，可以依法开展救灾募捐活动，但在发生自然灾害时所募集的资金不得用于增加原始基金。

知识链接

《救灾捐赠管理办法》第五条：

救灾捐赠款物的使用范围：

（一）解决灾民衣、食、住、医等生活困难；

（二）紧急抢救、转移和安置灾民；

（三）灾民倒塌房屋的恢复重建；

（四）捐赠人指定的与救灾直接相关的用途；

（五）经同级人民政府批准的其他直接用于救灾方面的必要开支。

17. 接受救灾捐赠有什么规定？

关于接受救灾捐赠，《救灾捐赠管理办法》有以下规定：

（1）县级以上人民政府民政部门接受救灾捐赠款物，根据工作需要可以指定社会捐助接收机构、具有救灾宗旨的公益性民间组织组织实施。乡（镇）人民政府、城市街道办事处受县（县级市、市辖区）人民政府委托，可以组织代收本行政区域内村民、居民及驻在单位的救灾捐赠款物。代收的捐赠款物应当及时转交救灾捐赠受赠人。

（2）救灾捐赠受赠人应当向社会公布其名称、地址、联系人、联系电话、银行账号等。

（3）自然人、法人或者其他组织可以向救灾捐赠受赠人捐赠其有权处分的合法财产。法人或者其他组织捐赠其自产或者外购商品的，需要享受税收优惠政策的，应当提供相应的发票及证明物品质量的资料。

（4）救灾捐赠受赠人接受救灾捐赠款物时，应当确认银行票据，当面清点现金，验收物资。捐赠人所捐款物不能当场兑现的，救灾捐赠受赠人应当与捐赠人签订载明捐赠款物种类、质量、数量和兑现时间等内容的捐赠协议。捐赠人捐赠的食品、药品、生物化学制品应当符合国家食品药品监督管理和卫生行政等政府相关部门的有关规定。

（5）救灾捐赠受赠人接受救灾捐赠款物后，应当向捐赠人出具符合国家财务、税收管理规定的接收捐赠凭证。

（6）对符合税收法律法规规定的救灾捐赠，捐赠人凭捐赠凭证享受税收优惠政策，具体按照国家有关规定办理。

知识链接

《自然灾害救助条例》第二十四条：

自然灾害救助款物专款（物）专用，无偿使用。

定向捐赠的款物，应当按照捐赠人的意愿使用。政府部门接受的捐赠人无指定意向的款物，由县级以上人民政府民政部门统筹安排用于自然灾害救助；社会组织接受的捐赠人无指定意向的款物，由社会组织按照有关规定用于自然灾害救助。

18. 救灾捐赠物的使用范围有哪些？

根据《救灾捐赠管理办法》，救灾捐赠款物的使用范围包括以下方面：

（1）解决灾民衣、食、住、医等生活困难。

（2）紧急抢救、转移和安置灾民。

（3）灾民倒塌房屋的恢复重建。

(4)捐赠人指定的与救灾直接相关的用途。

(5)经同级人民政府批准的其他直接用于救灾方面的必要开支。

知识链接

《自然灾害救助条例》第二十五条：

自然灾害救助款物应当用于受灾人员的紧急转移安置，基本生活救助，医疗救助，教育、医疗等公共服务设施和住房的恢复重建，自然灾害救助物资的采购、储存和运输，以及因灾遇难人员亲属的抚慰等项支出。

19. 关于境外救灾捐赠有哪些规定？

关于境外救灾捐赠，《救灾捐赠管理办法》有以下规定：

(1)国务院民政部门负责对境外通报灾情，表明接受境外救灾捐赠的态度，确定受援区域。

(2)国务院民政部门负责接受境外对中央政府的救灾捐赠。县级以上地方人民政府民政部门负责接受境外对地方政府的救灾捐赠。具有救灾宗旨的公益性民间组织接受境外救灾捐赠，应当报民政部门备案。法律、行政法规另有规定的除外。

(3)救灾捐赠受赠人接受的外汇救灾捐赠款按国家外汇管理规定办理。

(4)境外救灾捐赠物资的检验、检疫、免税和入境，按照国家的有关规定办理。

(5)对免税进口的救灾捐赠物资不得以任何形式转让、出售、出租或者移作他用。

知识链接

《救灾捐赠管理办法》第三十六条：

在境外发生特大自然灾害时，需要组织对外援助时，由国务院民政部门参照本办法组织实施社会捐赠，统一协调民间国际援助活动。

20. 救灾捐赠款物的管理和使用有哪些规定?

根据《救灾捐赠管理办法》，救灾捐赠款物的管理和使用的规定有以下方面：

(1)救灾捐赠受赠人应当对救灾捐赠款指定账户，专项管理；对救灾捐赠物资建立分类登记表册。

(2)具有救灾宗旨的公益性民间组织应当按照当地政府提供的灾区需求，提出分配、使用救灾捐赠款物方案，报同级人民政府民政部门备案，接受监督。

(3)在国务院民政部门组织开展的跨省(自治区、直辖市)或者全国性救灾捐赠活动中，国务院民政部门可以统一分配、调拨全国救灾捐赠款物。

(4)国务院民政部门负责调拨的救灾捐赠物资，属境外捐赠的，其运抵口岸后的运输等费用由受援地区负担；属境内捐赠的，由捐赠方负担。县级以上地方人民政府民政部门负责调拨的救灾捐赠物资，运输、临时仓储等费用由地方同级财政负担。

(5)县级以上人民政府民政部门根据灾情和灾区实际需求，可以统筹平衡和统一调拨分配救灾捐赠款物，并报上一级人民政府民政部门统计。对捐赠人指定救灾捐赠款物用途或者受援地区的，应当按照捐赠人意愿使用。在捐赠款物过于集中同一地方的情况下，经捐赠人书面同意，省级以上人民政府民政部门可以调剂分配。发放救灾捐赠款物时，应当坚持民主评议、登记造册、张榜公布、公开发放等程序，做到制度健全、账目清楚，手续完备，并向社会公布。县级以上人民政府民政部门应当会同监察、审计等部门及时对救灾捐赠款物的使用发放情况进行监督检查。捐赠人有权向救灾捐赠受赠人查询救灾捐赠财产的使用、管理情况，并提出意见和建议。对于捐赠人的查询，救灾捐赠受赠人应当如实答复。

(6)对灾区不适用的境内救灾捐赠物资，经捐赠人书面同意，报县级以上地方人民政府民政部门批准后可以变卖。对灾区不适用的境外救灾捐赠物资，应当报省级人民政府民政部门批准后方可变卖。变卖救灾捐赠物资应当由县级以上地方人民政府民政部门统一组织实施，一般应当采取公开拍卖方式。变卖救灾捐赠物资所得款必须作为救灾捐赠款管理、使用，不得挪作他用。

(7)可重复使用的救灾捐赠物资，县级以上地方人民政府民政部门应当及时回收、妥善保管，作为地方救灾物资储备。

(8)接受的救灾捐赠款物，受赠人应当严格按照使用范围，在本年度内分配使用，不得滞留。如确需跨年度使用的，应当报上级人民政府民政部门审批。

(9)救灾捐赠款物的接受及分配、使用情况应当按照国务院民政部门规定的统计标准进行统计，并接受审计、监察等部门和社会的监督。

(10)各级民政部门在组织救灾捐赠工作中，不得从捐赠款中列支费用。经民政部门授权的社会捐助接收机构、具有救灾宗旨的公益性民间组织，可以按照国家有关规定和自身组织章程，在捐赠款中列支必要的工作经费。捐赠人与救灾捐赠受赠人另有协议的除外。

(11)救灾捐赠、募捐活动及款物分配、使用情况由县级以上人民政府民政部门统一向社会公布，一般每年不少于两次。集中捐赠和募捐活动一般应在活动结束后一个月内向社会公布信息。

知识链接

《自然灾害救助条例》第二十六条：

受灾地区人民政府民政、财政等部门和有关社会组织应当通过报刊、广播、电视、互联网，主动向社会公开所接受的自然灾害救助款物和捐赠款物的来源、数量及其使用情况。

受灾地区村民委员会、居民委员会应当公布救助对象及其接受救助款物数额和使用情况。

《自然灾害救助条例》第二十七条：

各级人民政府应当建立健全自然灾害救助款物和捐赠款物的监督检查制度，并及时受理投诉和举报。

《自然灾害救助条例》第二十八条：

县级以上人民政府监察机关、审计机关应当依法对自然灾害救助款物和捐赠款物的管理使用情况进行监督检查，民政、财政等部门和有关社会组织应当予以配合。

21. 关于救灾捐赠，哪些行为会被追究法律责任？

根据《救灾捐赠管理办法》，在救灾捐赠中，有以下行为会被追究法律责任：

(1)挪用、侵占或者贪污救灾捐赠款物的,由县级以上人民政府民政部门责令退还所用、所得款物;对直接责任人,由所在单位依照有关规定予以处理;构成犯罪的,依法追究刑事责任。追回、追缴的款物,应当用于救灾目的和用途。

(2)救灾捐赠受赠人的工作人员,滥用职权,玩忽职守,徇私舞弊,致使捐赠财产造成重大损失的,由所在单位依照有关规定予以处理;构成犯罪的,依法追究刑事责任。

知识链接

《自然灾害救助条例》第三十条:

采取虚报、隐瞒、伪造等手段,骗取自然灾害救助款物或者捐赠款物的,由县级以上人民政府民政部门责令限期退回违法所得的款物;构成犯罪的,依法追究刑事责任。

22. 自然人、法人或其他社会组织进行捐赠可以享受哪些优惠措施?

根据《中华人民共和国公益事业捐赠法》,自然人、法人或其他社会组织进行捐赠可以享受以下优惠措施:

(1)公司和其他企业依照《中华人民共和国公益事业捐赠法》的规定捐赠财产用于公益事业,依照法律、行政法规的规定享受企业所得税方面的优惠。

(2)自然人和个体工商户依照《中华人民共和国公益事业捐赠法》的规定捐赠财产用于公益事业,依照法律、行政法规的规定享受个人所得税方面的优惠。

(3)境外向公益性社会团体和公益性非营利的事业单位捐赠的用于公益事业的物资,依照法律、行政法规的规定减征或者免征进口关税和进口环节的增值税。

知识链接

为了鼓励捐赠,规范捐赠和受赠行为,保护捐赠人、受赠人和受益人的合法权益,促进公益事业的发展,制定《中华人民共和国公益事业捐赠法》。自然人、法人或者其他组织自愿无偿向依法成立的公益性社会团体和公益性非营利的事业单位捐赠财产,用于公益事业的,适用《中华人民共和国公益事业捐赠法》。

第二章 慈善基础知识

23. 什么是慈善?

"慈"是指长辈对晚辈的爱,"善"是指人与人之间的友爱和互助。慈善是指对人类的热爱,为增加人类的福利所做的努力,通过救济、援助或捐赠等手段来增加人类之间的爱并扩大人类的福利。慈善也是一种活动,是人们自愿奉献爱心、援助行为和从事扶弱济贫的一种社会活动。

知识链接

对于什么是慈善,中华慈善总会创始人崔乃夫有极为精辟的概括:什么叫慈呢?父母对子女的爱为慈。讲的是纵向关系。如"慈母手中线,游子身上衣"。什么是善呢?人与人之间的关爱为善。讲的是横向的关系。什么是慈善呢?慈善是有同情心的人们之间的互助行为。崔乃夫会长以纵横的关系,深刻地勾画了慈善事业的全部活动和真谛。

24. 什么是慈善事业?

慈善事业是指通过志愿精神的发挥和互助手段的使用,促进社会公平和谐,其客观效果是让具备物质基础和机会公平的人获得道德价值感上的幸福快乐，让缺乏物质满足和机会公平的人获得满足感及幸福快乐，具有明显的道德维度。

狭义的慈善事业包含社会救济与社会救助事业；广义的慈善事业既包含了狭义的救济救助事业，还包含教育、医疗、健康、科学、文化社会福利等多领域中的互助及志愿服务。

知识链接

为了鼓励捐赠，规范捐赠和受赠行为，保护捐赠人、受赠人和受益人的合法权益，促进公益事业的发展，制定《中华人民共和国慈善法》。自然人、法人或者其他组织自愿无偿向依法成立的公益性社会团体和公益性非营利的事业单位捐赠财产，用于公益事业的，适用《中华人民共和国慈善法》。

25. 慈善工作的主管部门是什么？

根据《中华人民共和国慈善法》，国务院民政部门主管全国慈善工作，县级以上地方各级人民政府民政部门主管本行政区域内的慈善工作；县级以上人民政府有关部门依照《中华人民共和国慈善法》和其他有关法律法规，在各自的职责范围内做好相关工作。

知识链接

《慈善组织认定办法》第十一条：

基金会、社会团体、社会服务机构在申请时弄虚作假的，由民政部门撤销慈善组织的认定，将该组织及直接责任人纳入信用记录，并向社会公布。

对出具虚假审计报告的注册会计师及其所属的会计师事务所，由民政部门通报有关部门。

26. 什么是社区慈善?

从古至今，全世界的人类个体都展现出一种慈善的天性。他们愿意为了其他个体的福祉以及社会的改善而奉献自己。多数情况下，这些慷慨仁慈的行为是非正式的，邻里之间的，应对危机的，或是出于宗教义务的。这种志愿奉献自己的时间、才能、物品、资金，以回馈社区的行为，称为社区慈善。

社区慈善本质上是直接的，非正式的，但也可以采取一种更具结构化的形式。个人可以建立社区慈善组织，通过聚集、组织与分配慈善资源来改善社区生活质量。社区慈善组织提供了一种可持续的长期满足社区需求的运作方式。

知识链接

基层慈善组织是社会救助力量中不可或缺的组成部分，更是社会建设和治理创新的重要内容。基层慈善组织的成长壮大，体现了“民间发起、政府引导”的发展规律，拓宽了民间参与公益的渠道，为保障底线民生起到了很好的补充作用。

27. 慈善活动有哪些类型?

慈善活动是指自然人、法人和其他组织以捐赠财产或者提供服务等方式,自愿开展的下列公益活动:扶贫、济困;扶老、救孤、恤病、助残、优抚;救助自然灾害、事故灾难和公共卫生事件等突发事件造成的损害;促进教育、科学、文化、卫生、体育等事业的发展;防治污染和其他公害,保护和改善生态环境;符合《中华人民共和国慈善法》规定的其他公益活动。

知识链接

《中华人民共和国慈善法》第二条:

自然人、法人和其他组织开展慈善活动以及与慈善有关的活动,适用本法。其他法律有特别规定的,依照其规定。

28. 开展慈善活动应遵循的原则有哪些?

(1)合法原则。在法治社会,合法是所有活动的基本要求,慈善活动也不例外。慈善法是我国慈善领域的基础性法律,开展慈善活动首先要遵守慈善法的各项规定,同时,要遵守其他法律法规的相关规定。如慈善信托首先要遵守慈善法的规定,慈善法没有规定的,还要遵守信托法的相关规定;县级以上人民政府作为受赠人的,还应当遵守公益事业捐赠法的规定在教育、科学、文化、卫生、体育、环保等领域开展慈善活动时,还应当符合教育法、体育法、科学技术进步法、科学技术普及法、文物保护法、环境保护法等其他法律的规定。

(2)自愿原则。慈善是一种发自内心、奉献爱心的善行,应当是自愿的,任何强制都违背了慈善的本意。任何人都有权按照自己的真实意愿独立自主地选择参与或者不参与慈善活动,其他人不得干涉。尤其是国家机关,不应当动用公权力干涉、强迫慈善活动参与者开展慈善活动。

(3)诚信原则。诚信原则被视为民法中的“帝王条款”,要求民事主体在行使民事权利、履行民事义务时,应当讲究信用,严守诺言,诚实不欺,不损害他人利益和社会公共利益。当前,诚信危机是我国慈善领域存在的突出问题,慈善组织的公信力不高,捐赠人诺而不捐、慈善组织挪用善款,甚至有的组织和个人假借慈善名义骗取钱财的现象依然存在。慈善法将诚信作为慈善事业发展的基本原则,通过信息公开、赋予社会公众监督权利等一系列制度安排重塑公众对慈善的信心,推动慈善事业健康持续发展。

(4)非营利原则。非营利是慈善组织的基本特性之一,非营利是指慈善组织不得以营利为目的开展慈善活动,但非营利不等于非盈利。强调慈善组织的非营利性,并不是说慈善组织不能有收益或者盈利,或者开展慈善活动必须是无偿的,而是说慈善组织的收益或者盈利必须继续用于慈善目的,不得进行分配。

(5)不得违背社会公德,不得危害国家安全、损害社会公共利益和他人合法权益。尊重社会公德,维护国家安全,不损害社会公共利益以及他人合法权益是人们在社会交往和公共生活中应该遵守的基本准则,对于维护社会秩序,促进社会和谐具有重要意义,这在慈善领域同样重要。当前,有的组织和个人在开展慈善活动过程中,不尊重受益人的民族习惯和当地风俗,不尊重受益人的人格尊严;有的慈善组织为了得到捐赠,接受捐赠人的不合理要求或者非法条件;一些境外非营利组织打着慈善的名义从事危害我国国家安全的行为；等等。开展慈善活动只有守住不得违背社会公德、不得危害国家安全、不得损害社会公共利益以及他人合法权益的底线，才是真慈善，才能把好事办实办好，实现慈善目的。

知识链接

《中华人民共和国慈善法》第四条：

开展慈善活动，应当遵循合法、自愿、诚信、非营利的原则，不得违背社会公德，不得危害国家安全、损害社会公共利益和他人合法权益。

29. 什么是慈善组织？

慈善组织是指依法成立、符合《中华人民共和国慈善法》规定，以面向社会开展慈善活动为宗旨的非营利性组织。慈善组织可以采取基金会、社会团体、社会服务机构等组织形式。

知识链接

《慈善组织认定办法》第四条：

基金会、社会团体、社会服务机构申请认定为慈善组织，应当符合下列条件：

（一）申请时具备相应的社会组织法人登记条件；

（二）以开展慈善活动为宗旨，业务范围符合《慈善法》第三条的规定；申请时的上一年度慈善活动的年度支出和管理费用符合国务院民政部门关于慈善组织的规定；

（三）不以营利为目的，收益和营运结余全部用于章程规定的慈善目的；财产及其孳息没有在发起人、捐赠人或者本组织成员中分配；章程中有关于剩余财产转给目的相同或者相近的其他慈善组织的规定；

（四）有健全的财务制度和合理的薪酬制度；

（五）法律、行政法规规定的其他条件。

《慈善组织认定办法》第六条：

申请认定为慈善组织，社会团体应当经会员（代表）大会表决通过，基金会、社会服务机构应当经理事会表决通过；有业务主管单位的，还应当经业务主管单位同意。

《慈善组织认定办法》第七条：

申请认定慈善组织的基金会，应当向民政部门提交下列材料：

（一）申请书；

（二）符合本办法第四条规定以及不存在第五条所列情形的书面承诺；

（三）按照本办法第六条规定召开会议形成的会议纪要。

申请认定为慈善组织的社会团体、社会服务机构，除前款规定的材料外，还应当向民政部门提交下列材料：

（一）关于申请理由、慈善宗旨、开展慈善活动等情况的说明；

（二）注册会计师出具的上一年度财务审计报告，含慈善活动年度支出和管理费用的专项审计。

有业务主管单位的，还应当提交业务主管单位同意的证明材料。

30. 设立慈善组织，有什么具体要求？

根据《中华人民共和国慈善法》，设立慈善组织的具体要求包括以下方面：

（1）慈善组织应当符合下列条件：以开展慈善活动为宗旨；不以营利为目的；有自己的名称和住所；有组织章程；有必要的财产；有符合条件的组织机构和负责人；法律、行政法规规定的其他条件。

（2）设立慈善组织，应当向县级以上人民政府民政部门申请登记，民政部门应当自受理申请之日起三十日内作出决定。符合《中华人民共和国慈善法》规定条件的，准予登记并向社会公告；不符合《中华人民共和国慈善法》规定条件的，不予登记并书面说明理由。有特殊情况需要延长登记或者认定期限的，报经国务院民政部门批准，可以适当延长，但延长的期限不得超过六十日。

知识链接

《中华人民共和国慈善法》公布前已经设立的基金会、社会团体、社会服务机构等非营利性组织，可以向其登记的民政部门申请认定为慈善组织，民政部门应当自受理申请之日起二十日内作出决定。符合慈善组织条件的，予以认定并向社会公告；不符合慈善组织条件的，不予认定并书面说明理由。

31. 法律对于慈善组织有什么要求？

关于法律对于慈善组织的要求，《中华人民共和国慈善法》有以下规定：

（1）慈善组织应当根据法律法规以及章程的规定，建立健全内部治理结构，明确决策、执行、监督等方面的职责权限，开展慈善活动。慈善组织应当执行国家统一的会计制度，依法进行会计核算，建立健全会计监督制度，并接受政府有关部门的监督管理。

(2)慈善组织应当每年向其登记的民政部门报送年度工作报告和财务会计报告。报告应当包括年度开展募捐和接受捐赠情况、慈善财产的管理使用情况、慈善项目实施情况以及慈善组织工作人员的工资福利情况。

(3)慈善组织的发起人、主要捐赠人以及管理人员，不得利用其关联关系损害慈善组织、受益人的利益和社会公共利益。

慈善组织的发起人、主要捐赠人以及管理人员与慈善组织发生交易行为的，不得参与慈善组织有关该交易行为的决策，有关交易情况应当向社会公开。

(4)慈善组织不得从事、资助危害国家安全和社会公共利益的活动，不得接受附加违反法律法规和违背社会公德条件的捐赠，不得对受益人附加违反法律法规和违背社会公德的条件。

知识链接

《中华人民共和国慈善法》第十一条：

慈善组织的章程，应当符合法律法规的规定，并载明下列事项：

(一)名称和住所；

(二)组织形式；

(三)宗旨和活动范围；

(四)财产来源及构成；

(五)决策、执行机构的组成及职责；

(六)内部监督机制；

(七)财产管理使用制度；

(八)项目管理制度；

(九)终止情形及终止后的清算办法；

(十)其他重要事项。

32.什么是慈善募捐?

慈善募捐是指慈善组织基于慈善宗旨募集财产的活动。它是慈善活动的重要环节,是慈善组织募集慈善财产的主要方式,也是其开展慈善活动的前提和基础。慈善募捐包括公开募捐和定向募捐。

知识链接

公开募捐和定向募捐有以下区别:

(1)募集对象不同。公开募捐的募集对象是社会公众,即社会不特定的捐赠人;定向募捐的募集对象则是少数的特定主体即发起人、理事会成员和会员等特定对象。

(2)募集方式不同。公开募捐是通过公开的活动、以公开的形式在公开的平台上进行的,定向募捐则是通过非公开的方式在非公开的平台上进行的,这也是二者的主要区别。

(3)募集要求不同。公开募捐有严格的资格限制和过程要求,并且对信息披露也有所要求;而定向募捐在募捐资格、募捐过程上都比较灵活,对信息披露的要求也比较低,具有较强的保密性。

(4)募集目的不同。公开募捐往往是慈善组织为了开展慈善活动而进行的,定向募捐则更多的是慈善组织在筹备设立时进行的原始资金积累,以及尚不具有公开募捐资格的慈善组织的主要募捐渠道。

(5)适用主体不同。只有依法登记并取得公开募捐资格的慈善组织才能开展公开募捐;慈善组织自依法登记之日起即可以开展定向募捐。

33. 开展募捐活动应遵循哪些要求?

根据《中华人民共和国慈善法》,开展募捐活动应遵循的要求有以下几点:

(1)发生重大自然灾害、事故灾难和公共卫生事件等突发事件,需要迅速开展救助时,有关人民政府应当建立协调机制,提供需求信息,及时有序引导开展募捐和救助活动。

(2)开展募捐活动,应当尊重和维护募捐对象的合法权益,保障募捐对象的知情权,不得通过虚构事实等方式欺骗、诱导募捐对象实施捐赠。

(3)开展募捐活动,不得摊派或者变相摊派,不得妨碍公共秩序、企业生产经营和居民生活。

(4)禁止任何组织或者个人假借慈善名义或者假冒慈善组织开展募捐活动,骗取财产。

知识链接

《慈善组织公开募捐管理办法》第二十三条:

慈善组织有下列情形之一的,民政部门可以给予警告、责令限期改正:

(一)伪造、变造、出租、出借公开募捐资格证书的;

(二)未依照本办法进行备案的;

(三)未按照募捐方案确定的时间、期限、地域范围、方式进行募捐的;

(四)开展公开募捐未在募捐活动现场或者募捐活动载体的显著位置公布募捐活动信息的;

（五）开展公开募捐取得的捐赠财产未纳入慈善组织统一核算和账户管理的；

（六）其他违反本办法情形的。

34. 慈善组织怎样开展公开募捐？

慈善组织开展公开募捐，可以采取下列方式：在公共场所设置募捐箱；举办面向社会公众的义演、义赛、义卖、义展、义拍、慈善晚会等；通过广播、电视、报刊、互联网等媒体发布募捐信息；其他公开募捐方式。

慈善组织采取前两种方式开展公开募捐的，应当在其登记的民政部门管辖区域内进行，确有必要在其登记的民政部门管辖区域外进行的，应当报其开展募捐活动所在地的县级以上人民政府民政部门备案。捐赠人的捐赠行为不受地域限制。

另外，慈善组织通过互联网开展公开募捐的，应当在国务院民政部门统一或者指定的慈善信息平台发布募捐信息，并可以同时在其网站发布募捐信息。

知识链接

《中华人民共和国慈善法》第二十二条：

慈善组织开展公开募捐，应当取得公开募捐资格。依法登记满二年的慈善组织，可以向其登记的民政部门申请公开募捐资格。民政部门应当自受理申请之日起二十日内作出决定。慈善组织符合内部治理结构健全、运作规范的条件的，发给公开募捐资格证书；不符合条件的，不发给公开募捐资格证书并书面说明理由。

法律、行政法规规定自登记之日起可以公开募捐的基金会和社会团体，由民政部门直接发给公开募捐资格证书。

35. 开展公开募捐要遵循什么法律要求？

根据《中华人民共和国慈善法》，开展公开募捐要遵循的法律要求有以下几点：

(1)开展公开募捐，应当制定募捐方案。募捐方案包括募捐目的、起止时间和地域、活动负责人姓名和办公地址、接受捐赠方式、银行账户、受益人、募得款物用途、募捐成本、剩余财产的处理等。募捐方案应当在开展募捐活动前报慈善组织登记的民政部门备案。

(2)开展公开募捐，应当在募捐活动现场或者募捐活动载体的显著位置，公布募捐组织名称、公开募捐资格证书、募捐方案、联系方式、募捐信息查询方法等。

(3)不具有公开募捐资格的组织或者个人基于慈善目的，可以与具有公开募捐资格的慈善组织合作，由该慈善组织开展公开募捐并管理募得款物。

(4)广播、电视、报刊以及网络服务提供者、电信运营商，应当对利用其平台开展公开募捐的慈善组织的登记证书、公开募捐资格证书进行验证。

知识链接

《中华人民共和国慈善法》第七十三条：

具有公开募捐资格的慈善组织应当定期向社会公开其募捐情况和

慈善项目实施情况。

公开募捐周期超过六个月的，至少每三个月公开一次募捐情况，公开募捐活动结束后三个月内应当全面公开募捐情况。

慈善项目实施周期超过六个月的，至少每三个月公开一次项目实施情况，项目结束后三个月内应当全面公开项目实施情况和募得款物使用情况。

36.开展定向募捐要遵循什么法律要求？

开展定向募捐要遵循的法律要求有以下两点：

(1)慈善组织自登记之日起可以开展定向募捐。慈善组织开展定向募捐，应当在发起人、理事会成员和会员等特定对象的范围内进行，并向募捐对象说明募捐目的、募得款物用途等事项。

(2)开展定向募捐，不得采取或者变相采取《中华人民共和国慈善法》规定的公开募捐的方式。

知识链接

《中华人民共和国慈善法》第七十四条：

慈善组织开展定向募捐的，应当及时向捐赠人告知募捐情况、募得款物的管理使用情况。

37. 什么是慈善捐赠？

慈善捐赠，是指自然人、法人和其他组织基于慈善目的，自愿、无偿赠与财产的活动。捐赠人可以通过慈善组织捐赠，也可以直接向受益人捐赠。

知识链接

国内慈善捐赠的方式有：

(1)捐款。直接对救助者或者慈善机构进行资金帮助。

(2)捐物。捐物分为两个方式：一种是直接捐赠给受助人群或慈善机构，将捐赠物品直接用于对受助人的帮助。另一种是，将物品捐赠给社会上的慈善商店，由慈善机构进行义卖，所得资金对救助者进行帮助。

(3)捐赠食品。如国内已有慈善机构发起了分享食物的爱心行动，北京和成都已经有了爱心冰箱，捐赠的食物直接可以让受助人自行领取。

38. 慈善组织接受捐赠，应履行什么程序？

根据《中华人民共和国慈善法》，慈善组织接受捐赠，应履行以下程序：

(1)慈善组织接受捐赠，应当向捐赠人开具由财政部门统一监(印)制的捐赠票据。捐赠票据应当载明捐赠人、捐赠财产的种类及数量、慈善组织名称和经办人姓名、票据日期等。捐赠人匿名或者放弃接受捐赠票据的，慈善组织应当做好相关记录。

(2)慈善组织接受捐赠，捐赠人要求签订书面捐赠协议的，慈善组织应当与捐赠人签订书面捐赠协议。书面捐赠协议包括捐赠人和慈善组织名称，捐赠财产的种类、数量、质量、用途、交付时间等内容。

知识链接

《中华人民共和国慈善法》第七十六条：

涉及国家秘密、商业秘密、个人隐私的信息以及捐赠人、慈善信托的委托人不同意公开的姓名、名称、住所、通讯方式等信息，不得公开。

39. 捐赠人有什么权利和义务？

(1)捐赠人与慈善组织约定捐赠财产的用途和受益人时，不得指定捐赠人的利害关系人作为受益人。任何组织和个人不得利用慈善捐赠违反法律规定宣传烟草制品，不得利用慈善捐赠以任何方式宣传法律禁止宣传的产品和事项。

(2)捐赠人应当按照捐赠协议履行捐赠义务。捐赠人违反捐赠协议逾期未交付捐赠财产，有下列情形之一的，慈善组织或者其他接受捐赠的人可以要求交付；捐赠人拒不交付的，慈善组织和其他接受捐赠的人可以依法向人民法院申请支付令或者提起诉讼：

①捐赠人通过广播、电视、报刊、互联网等媒体公开承诺捐赠的。

②捐赠财产用于扶贫、济困、扶老、救孤、恤病、助残、优抚以及救助自然灾害、事故灾难和公共卫生事件等突发事件造成的损害等慈善活

动，并签订书面捐赠协议的。

捐赠人公开承诺捐赠或者签订书面捐赠协议后经济状况显著恶化，严重影响其生产经营或者家庭生活的，经向公开承诺捐赠地或者书面捐赠协议签订地的民政部门报告并向社会公开说明情况后，可以不再履行捐赠义务。

（3）捐赠人有权查询、复制其捐赠财产管理使用的有关资料，慈善组织应当及时主动向捐赠人反馈有关情况。慈善组织违反捐赠协议约定的用途，滥用捐赠财产的，捐赠人有权要求其改正；拒不改正的，捐赠人可以向民政部门投诉、举报或者向人民法院提起诉讼。

（4）国有企业实施慈善捐赠应当遵守有关国有资产管理的规定，履行批准和备案程序。

知识链接

《中华人民共和国慈善法》第五条：

国家鼓励和支持自然人、法人和其他组织践行社会主义核心价值观，弘扬中华民族传统美德，依法开展慈善活动。

40. 什么是慈善信托？

慈善信托属于公益信托，是指委托人基于慈善目的，依法将其财产委托给受托人，由受托人按照委托人意愿以受托人名义进行管理和处分，开展慈善活动的行为。

知识链接

慈善信托有四类：济贫信托推广；宗教信托推广；教育信托；惠及社

会的其他用途信托。在开展慈善信托时，要强化风险防控，监督受托人严格按照有关规定管理慈善信托财产，规范投资行为，保障资金安全，防止借慈善信托名义从事非法集资、洗钱等活动。

41. 慈善财产分为哪些种类？

慈善组织的财产包括以下方面：发起人捐赠、资助的创始财产；募集的财产；其他合法财产。

知识链接

《中华人民共和国慈善法》第五十九条：

慈善组织根据需要可以与受益人签订协议，明确双方权利义务，约定慈善财产的用途、数额和使用方式等内容。

受益人应当珍惜慈善资助，按照协议使用慈善财产。受益人未按照协议使用慈善财产或者有其他严重违反协议情形的，慈善组织有权要求其改正；受益人拒不改正的，慈善组织有权解除协议并要求受益人返还财产。

42. 慈善财产应当怎样使用？

（1）慈善组织的财产应当根据章程和捐赠协议的规定全部用于慈善目的，不得在发起人、捐赠人以及慈善组织成员中分配。任何组织和个人不得私分、挪用、截留或者侵占慈善财产。

(2)慈善组织对募集的财产，应当登记造册，严格管理，专款专用。捐赠人捐赠的实物不易储存、运输或者难以直接用于慈善目的的，慈善组织可以依法拍卖或者变卖，所得收入扣除必要费用后，应当全部用于慈善目的。

(3)慈善组织开展慈善活动，应当依照法律法规和章程的规定，按照募捐方案或者捐赠协议使用捐赠财产。慈善组织确需变更募捐方案规定的捐赠财产用途的，应当报民政部门备案；确需变更捐赠协议约定的捐赠财产用途的，应当征得捐赠人同意。

(4)慈善组织应当合理设计慈善项目，优化实施流程，降低运行成本，提高慈善财产使用效益。慈善组织应当建立项目管理制度，对项目实施情况进行跟踪监督。

(5)慈善项目终止后捐赠财产有剩余的，按照募捐方案或者捐赠协议处理；募捐方案未规定或者捐赠协议未约定的，慈善组织应当将剩余财产用于目的相同或者相近的其他慈善项目，并向社会公开。

(6)慈善组织应当积极开展慈善活动，充分、高效运用慈善财产，并遵循管理费用最必要原则，厉行节约，减少不必要的开支。慈善组织中具有公开募捐资格的基金会开展慈善活动的年度支出，不得低于上一年总收入的70％或者前三年收入平均数额的70％；年度管理费用不得超过当年总支出的10％，特殊情况下，年度管理费用难以符合前述规定的，应当报告其登记的民政部门并向社会公开说明情况。具有公开募捐资格的基金会以外的慈善组织开展慈善活动的年度支出和管理费用的标准，由国务院民政部门会同国务院财政、税务等部门依照前述规定的原则制定。捐赠协议对单项捐赠财产的慈善活动支出和管理费用有约定的，按照其约定。

知识链接

《关于慈善组织开展慈善活动年度支出和管理费用的规定》第八条：

慈善组织中不具有公开募捐资格的基金会，年度慈善活动支出和年度管理费用按照以下标准执行：

（一）上年末净资产高于6000万元（含本数）人民币的，年度慈善活动支出不得低于上年末净资产的百分之六；年度管理费用不得高于当年总支出的百分之十二；

（二）上年末净资产低于6000万元高于800万元（含本数）人民币的，年度慈善活动支出不得低于上年末净资产的百分之六；年度管理费用不得高于当年总支出的百分之十三；

（三）上年末净资产低于800万元高于400万元（含本数）人民币的，年度慈善活动支出不得低于上年末净资产的百分之七；年度管理费用不得高于当年总支出的百分之十五；

（四）上年末净资产低于400万元人民币的，年度慈善活动支出不得低于上年末净资产的百分之八；年度管理费用不得高于当年总支出的百分之二十。

《关于慈善组织开展慈善活动年度支出和管理费用的规定》第九条：

慈善组织中不具有公开募捐资格的社会团体和社会服务机构，年度慈善活动支出和年度管理费用按照以下标准执行：

（一）上年末净资产高于1000万元（含本数）人民币的，年度慈善活动支出不得低于上年末净资产的百分之六；年度管理费用不得高于当年总支出的百分之十三；

（二）上年末净资产低于1000万元高于500万元（含本数）人民币的，年度慈善活动支出不得低于上年末净资产的百分之七；年度管理费用不得高于当年总支出的百分之十四；

（三）上年末净资产低于500万元高于100万元（含本数）人民币的，年度慈善活动支出不得低于上年末净资产的百分之八；年度管理费用不得高于当年总支出的百分之十五；

（四）上年末净资产低于100万元人民币的，年度慈善活动支出不得低于上年末净资产的百分之八且不得低于上年总收入的百分之五十；年度管理费用不得高于当年总支出的百分之二十。

《关于慈善组织开展慈善活动年度支出和管理费用的规定》第十条：

计算年度慈善活动支出比例时，可以用前三年收入平均数代替上年总收入，用前三年年末净资产平均数代替上年末净资产。

上年总收入为上年实际收入减去上年收入中时间限定为上年不得使用的限定性收入，再加上于上年解除时间限定的净资产。

43. 慈善组织对慈善财产进行投资，应当遵循什么规定？

根据《中华人民共和国慈善法》的规定，慈善组织为实现财产保值、增值进行投资的，应当遵循合法、安全、有效的原则，投资取得的收益应当全部用于慈善目的。慈善组织的重大投资方案应当经决策机构组成人员三分之二以上同意。政府资助的财产和捐赠协议约定不得投资的财产，不得用于投资。慈善组织的负责人和工作人员不得在慈善组织投资的企业兼职或者领取报酬。

知识链接

《慈善组织保值增值投资活动管理暂行办法》第三条：

慈善组织应当以面向社会开展慈善活动为宗旨，充分、高效运用慈善财产，在确保年度慈善活动支出符合法定要求和捐赠财产及时足额拨付的前提下，可以开展投资活动。

慈善组织开展投资活动应当遵循合法、安全、有效的原则，投资取得的收益应当全部用于慈善目的。

《慈善组织保值增值投资活动管理暂行办法》第五条：

慈善组织可以用于投资的财产限于非限定性资产和在投资期间暂不需要拨付的限定性资产。

慈善组织接受的政府资助的财产和捐赠协议约定不得投资的财产，不得用于投资。

44. 什么是慈善服务？

慈善服务，是指慈善组织和其他组织以及个人基于慈善目的，向社会或者他人提供的志愿无偿服务以及其他非营利服务。慈善组织开展慈善服务，可以自己提供或者招募志愿者提供，也可以委托有服务专长的其他组织提供。

知识链接

根据慈善组织的职能，慈善组织分为劝募型慈善组织、服务型慈善组织和综合型慈善组织。其中服务型慈善组织和综合型慈善组织面对受益人可以直接提供慈善服务，具体工作由其工作人员承担，如养老院、残疾人庇护所、儿童福利院等服务型慈善组织。中华慈善总会就属于典型的综合型慈善组织，它除了筹措慈善资金，还可以直接提供慈善服务。

45. 开展慈善服务，应当遵循什么规定？

根据《中华人民共和国慈善法》，开展慈善服务应当遵循的规定有以下方面：

（1）开展慈善服务，应当尊重受益人、志愿者的人格尊严，不得侵害受益人、志愿者的隐私。

（2）开展医疗康复、教育培训等慈善服务，需要专门技能的，应当执行国家或者行业组织制定的标准和规程。慈善组织招募志愿者参与慈善服务，需要专门技能的，应当对志愿者开展相关培训。

（3）慈善组织招募志愿者参与慈善服务，应当公示与慈善服务有关的全部信息，告知服务过程中可能发生的风险。慈善组织根据需要可以与志愿者签订协议，明确双方权利义务，约定服务的内容、方式和时间等。

（4）慈善组织应当对志愿者实名登记，记录志愿者的服务时间、内容、评价等信息。根据志愿者的要求，慈善组织应当无偿、如实出具志愿服务记录证明。

（5）慈善组织安排志愿者参与慈善服务，应当与志愿者的年龄、文化程度、技能和身体状况相适应。

（6）志愿者接受慈善组织安排参与慈善服务的，应当服从管理，接受必要的培训。

（7）慈善组织应当为志愿者参与慈善服务提供必要条件，保障志愿者的合法权益。慈善组织安排志愿者参与可能发生人身危险的慈善服务前，应当为志愿者购买相应的人身意外伤害保险。

知识链接

《中国注册志愿者管理办法》第十二条规定,“志愿服务主要领域包括:扶贫济困、助老助残、社区服务、生态建设、大型活动、抢险救灾、社会管理、文化建设、西部开发、海外服务等”。其中大部分属于慈善服务领域,两者具有高度的重合性。慈善组织开展慈善活动,可以通过招募志愿者的方式进行,以实现慈善服务和志愿服务的衔接。

慈善组织招募志愿者可以采取公开招募和定向招募相结合、经常性招募与阶段性招募相结合等方式开展招募工作。慈善组织可以根据慈善项目的具体需求,通过报纸、电视、广播、信息栏、网络等方式,向社会公开发布有关慈善服务的志愿者需求数量、岗位要求和报名方式等招募信息,为志愿者参与慈善服务创造便利条件。从发展趋势上看,慈善组织招募志愿者应该签订协议,志愿者提供慈善服务,应该是长期稳定的服务而不是临时性的、一次性的、运动性的服务。

46. 在税费方面,国家对慈善活动有什么优惠政策?

(1)慈善组织及其取得的收入依法享受税收优惠。

(2)自然人、法人和其他组织捐赠财产用于慈善活动的,依法享受税收优惠。企业慈善捐赠支出超过法律规定的准予在计算企业所得税应纳税所得额时当年扣除的部分,允许结转以后三年内在计算应纳税所得额时扣除。境外捐赠用于慈善活动的物资,依法减征或者免征进口关税和进口环节增值税。

(3)受益人接受慈善捐赠,依法享受税收优惠。

(4)慈善组织、捐赠人、受益人依法享受税收优惠的,有关部门应当及时办理相关手续。

(5)捐赠人向慈善组织捐赠实物、有价证券、股权和知识产权的,依法免征权利转让的相关行政事业性费用。

知识链接

《中华人民共和国慈善法》第八十四条:

国家对开展扶贫济困的慈善活动,实行特殊的优惠政策。

《中华人民共和国慈善法》第八十五条:

慈善组织开展本法第三条第一项、第二项规定的慈善活动需要慈善服务设施用地的,可以依法申请使用国有划拨土地或者农村集体建设用地。慈善服务设施用地非经法定程序不得改变用途。

《中华人民共和国慈善法》第八十六条:

国家为慈善事业提供金融政策支持,鼓励金融机构为慈善组织、慈善信托提供融资和结算等金融服务。

47. 为了促进慈善事业发展,政府部门应该怎样做?

为了促进慈善事业发展,政府部门应当做到以下几点:

(1)县级以上人民政府应当根据经济社会发展情况,制定促进慈善事业发展的政策和措施。县级以上人民政府有关部门应当在各自职责范围内,向慈善组织、慈善信托受托人等提供慈善需求信息,为慈善活动提供指导和帮助。

(2)县级以上人民政府民政部门应当建立与其他部门之间的慈善信

息共享机制。

(3)各级人民政府及其有关部门可以依法通过购买服务等方式，支持符合条件的慈善组织向社会提供服务，并依照有关政府采购的法律法规向社会公开相关情况。

知识链接

《中华人民共和国慈善法》第八十九条：

国家鼓励企业事业单位和其他组织为开展慈善活动提供场所和其他便利条件。

《中华人民共和国慈善法》第九十条：

经受益人同意，捐赠人对其捐赠的慈善项目可以冠名纪念，法律法规规定需要批准的，从其规定。

《中华人民共和国慈善法》第九十一条：

国家建立慈善表彰制度，对在慈善事业发展中做出突出贡献的自然人、法人和其他组织，由县级以上人民政府或者有关部门予以表彰。

48. 发现慈善组织、慈善信托有违法行为的，应当怎么做？

根据《中华人民共和国慈善法》的规定，任何单位和个人发现慈善组织、慈善信托有违法行为的，可以向民政部门、其他有关部门或者慈善行业组织投诉、举报。民政部门、其他有关部门或者慈善行业组织接到投诉、举报后，应当及时调查处理。

知识链接

《中华人民共和国慈善法》第九十七条第二款：

国家鼓励公众、媒体对慈善活动进行监督，对假借慈善名义或者假冒慈善组织骗取财产以及慈善组织、慈善信托的违法违规行为予以曝光，发挥舆论和社会监督作用。

49. 慈善组织的违法违规行为，要承担什么法律责任？

根据《中华人民共和国慈善法》，慈善组织发生违法违规行为，要承担以下法律责任：

（1）慈善组织有下列情形之一的，由民政部门责令限期改正；逾期不改正的，吊销登记证书并予以公告：未按照慈善宗旨开展活动的；私分、挪用、截留或者侵占慈善财产的；接受附加违反法律法规或者违背社会公德条件的捐赠，或者对受益人附加违反法律法规或者违背社会公德的条件的。

（2）慈善组织有下列情形之一的，由民政部门予以警告、责令限期改正，逾期不改正的，责令限期停止活动并进行整改：违反《中华人民共和国慈善法》第十四条规定造成慈善财产损失的；将不得用于投资的财产用于投资的；擅自改变捐赠财产用途的；开展慈善活动的年度支出或者管理费用的标准；违反《中华人民共和国慈善法》第六十条规定的；未依法履行信息公开义务的；未依法报送年度工作报告、财务会计报告或者报备募捐方案的；泄露捐赠人、志愿者、受益人个人隐私以及捐赠人、慈善信托的委托人不同意公开的姓名、名称、住所、通讯方式等信息的。慈善组织违反《中华人民共和国慈善法》规定泄露国家秘密、商业秘密的，依照有关法律的规定予以处罚。

慈善组织有上述情形的，经依法处理后一年内再出现上述规定的情形，或者有其他情节严重情形的，由民政部门吊销登记证书并予以公告。

(3)慈善组织有《中华人民共和国慈善法》第九十八条、第九十九条规定的情形，有违法所得的，由民政部门予以没收；对直接负责的主管人员和其他直接责任人员处二万元以上二十万元以下罚款。

(4)开展募捐活动有下列情形之一的，由民政部门予以警告、责令停止募捐活动；对违法募集的财产，责令退还捐赠人；难以退还的，由民政部门予以收缴，转给其他慈善组织用于慈善目的；对有关组织或者个人处二万元以上二十万元以下罚款：不具有公开募捐资格的组织或者个人开展公开募捐的；通过虚构事实等方式欺骗、诱导募捐对象实施捐赠的；向单位或者个人摊派或者变相摊派的；妨碍公共秩序、企业生产经营或者居民生活的。广播、电视、报刊以及网络服务提供者、电信运营商未履行《中华人民共和国慈善法》第二十七条规定的验证义务的，由其主管部门予以警告，责令限期改正；逾期不改正的，予以通报批评。

(5)慈善组织不依法向捐赠人开具捐赠票据、不依法向志愿者出具志愿服务记录证明或者不及时主动向捐赠人反馈有关情况的，由民政部门予以警告，责令限期改正；逾期不改正的，责令限期停止活动。

(6)慈善组织弄虚作假骗取税收优惠的，由税务机关依法查处；情节严重的，由民政部门吊销登记证书并予以公告。

(7)慈善组织从事、资助危害国家安全或者社会公共利益活动的，由有关机关依法查处，由民政部门吊销登记证书并予以公告。

(8)慈善信托的受托人有下列情形之一的，由民政部门予以警告，责令限期改正；有违法所得的，由民政部门予以没收；对直接负责的主管人员和其他直接责任人员处二万元以上二十万元以下罚款：将信托财产及其收益用于非慈善目的的；未按照规定将信托事务处理情况及财务状况向民政部门报告或者向社会公开的。

(9)慈善服务过程中,因慈善组织或者志愿者过错造成受益人、第三人损害的,慈善组织依法承担赔偿责任;损害是由志愿者故意或者重大过失造成的,慈善组织可以向其追偿。志愿者在参与慈善服务过程中,因慈善组织过错受到损害的,慈善组织依法承担赔偿责任;损害是由不可抗力造成的,慈善组织应当给予适当补偿。

(10)自然人、法人或者其他组织假借慈善名义或者假冒慈善组织骗取财产的,由公安机关依法查处。

(11)县级以上人民政府民政部门和其他有关部门及其工作人员有下列情形之一的,由上级机关或者监察机关责令改正;依法应当给予处分的,由任免机关或者监察机关对直接负责的主管人员和其他直接责任人员给予处分:未依法履行信息公开义务的;摊派或者变相摊派捐赠任务,强行指定志愿者、慈善组织提供服务的;未依法履行监督管理职责的;违法实施行政强制措施和行政处罚的;私分、挪用、截留或者侵占慈善财产的;其他滥用职权、玩忽职守、徇私舞弊的行为。

(12)违反《中华人民共和国慈善法》规定,构成违反治安管理行为的,由公安机关依法给予治安管理处罚;构成犯罪的,依法追究刑事责任。

知识链接

《中华人民共和国慈善法》第九十三条:

县级以上人民政府民政部门对涉嫌违反本法规定的慈善组织,有权采取下列措施:

(一)对慈善组织的住所和慈善活动发生地进行现场检查;

(二)要求慈善组织作出说明,查阅、复制有关资料;

(三)向与慈善活动有关的单位和个人调查与监督管理有关的情况;

(四)经本级人民政府批准,可以查询慈善组织的金融账户;

(五)法律、行政法规规定的其他措施。

第三章 志愿服务

50. 什么是志愿服务?

志愿服务是指志愿者、志愿服务组织和其他组织自愿、无偿向社会或者他人提供的公益服务。开展志愿服务,应当遵循自愿、无偿、平等、诚信、合法的原则,不得违背社会公德、损害社会公共利益和他人合法权益,不得危害国家安全。

知识链接

为了保障志愿者、志愿服务组织、志愿服务对象的合法权益,鼓励和规范志愿服务,发展志愿服务事业,培育和践行社会主义核心价值观,促进社会文明进步,国务院于 2017 年 8 月 22 日发布《志愿服务条例》,于 2017 年 12 月 1 日起施行。《志愿服务条例》适用于在中华人民共和国境内开展的志愿服务以及与志愿服务有关的活动。

51. 志愿服务精神的内容是什么?

志愿服务的精神概括起来是:奉献、友爱、互助、进步。

“奉献”——原指恭敬地交付、呈献,即不求回报地付出。奉献精神是高尚的，是志愿服务精神的精髓。志愿者在不计报酬、不求名利、不要特权的情况下参与推动人类发展、促进社会的活动，这些都体现着高尚的奉献精神。

“友爱”——志愿服务精神提倡志愿者欣赏他人、与人为善、有爱无碍、平等尊重，这便是友爱精神。志愿者之爱跨越了国界、职业和贫富差距，是没有文化差异，没有民族之分，没有收入高低的平等之爱，它让社会充满阳光般的温暖。如无国界医生，他们不分种族、政治及宗教信仰，为受天灾、人祸及战火影响的受害者提供人道援助，他们奉献的是超国界之爱。

“互助”——志愿服务包含着深刻的互助精神，它提倡“互相帮助、助人自助”。志愿者凭借自己的双手、头脑、知识、爱心开展各种志愿服务活动，帮助那些处于困难和危机中的人们。志愿服务者以“互助”精神唤醒了许多人内心的仁爱和慈善，使他们付出所余，持之以恒地真心奉献。“助人自助”帮助人们走出困境，自强自立，重返生活舞台。受助者获得生活的能力后，也会投入关心他人、帮助他人、为社会做贡献的志愿活动，这些志愿活动都涵盖着深刻的“互助”精神。

“进步”——进步精神是志愿服务精神的重要组成部分，志愿者通过参与志愿服务，使自己的能力得到提高，同时促进了社会的进步。在志愿活动中无处不体现着“进步”的精神，正是这一精神使人们甘心付出，追求社会和谐之境的实现。

知识链接

“奉献、友爱、互助、进步”的志愿服务理念是一个整体，四个方面各有侧重、相互关联，都不同程度地体现着尽己所能、不计报酬、奉献爱心、帮助他人、服务社会公益等志愿者的特征。“奉献”是从事志愿服务的最高精神境界，体现是为他人社会的付出。“友爱”是从事志愿服务的内因，是人与人之间和睦相处的前提。“互助”是从事志愿服务的基础，反映的是人与人之间的相互帮助，是较高层次的精神境界，因为作为一个社会人总有需要他人和社会帮助的时候。“进步”是从事志愿服务追求的目标，即促进社会的进步和发展，实现人与人、人与社会、人与自然之间的相互关爱、和谐共处。

52. 志愿服务的主要类型有哪些？

(1)按志愿服务组织化程度，可分为正式志愿服务和非正式志愿服务。志愿者通过各种各样的组织参与志愿服务，包括为这些组织提供志愿服务和通过这些组织向第三方提供志愿服务，这被称为“有组织的志愿服务”，也可称之为“正式志愿服务”。与之相对应的，人们自发地付出时间，为周围人群、环境提供无偿的利他服务，不具备组织性，是个人意愿的志愿行为，此类志愿服务统称为“非正式志愿服务”。

(2)按志愿服务受益对象可分为直接志愿服务和间接志愿服务。人们直接提供给受益对象(个人、环境、社区等)的志愿服务，称之为“直接志愿服务”。在直接志愿服务中，志愿者提供的服务直接作用于服务对象，与服务对象之间有直接接触。与“直接志愿服务”相对，通过为志愿服务组织方工作而间接服务于受益对象的志愿服务，被称为“间接志愿服务”。

(3)按志愿服务内容，可以分为助老志愿服务、助残志愿服务、应急志愿服务、环保志愿服务、赛会志愿服务、医疗志愿服务等六种。

(4)按志愿服务的开展形式，可以分为常态化志愿服务和非常态化志愿服务。常态化志愿服务，即志愿者在正常状态下进行的志愿服务，它体现了志愿服务时时可为、处处可为、人人可为、事事可为的特点。如志愿者义务向民众普及日常生活小常识、自愿为民众进行健康普查、免费为民众进行家电维修等。非常态化志愿服务即志愿者在非正常状态下进行的愿服务。如大型活动志愿服务、应急志愿服务等。

知识链接

志愿服务的主要范围包括扶贫济困、帮残助老、抢险救灾、支教助学、环境保护、生态建设、文体服务、医疗卫生、科技推广、法制宣传、法律援助、治安防范、青少年服务、社区服务、大型社会活动等社会公益事业。志愿服务的重点对象是残疾人、老年人、青少年、妇女儿童、优抚对象、城乡特困人员以及其他有特殊困难需要帮助的社会成员。

53. 志愿者的类型有哪些？

志愿者是指以自己的时间、知识、技能、体力等从事志愿服务的自然人。志愿者可以将其身份信息、服务技能、服务时间、联系方式等个人基本信息，通过国务院民政部门指定的志愿服务信息系统自行注册，也可以通过志愿服务组织进行注册。志愿者提供的个人基本信息应当真实、准确、完整。

志愿者的类型可根据不同的分类方式进行划分。

(1)按照社会群体分类。以参与志愿服务的群体为视角，以相对集中的群体或领域为服务对象，充分发挥各自群体的优势，例如社区志愿者、青年志愿者、老年志愿者、党员志愿者等。这一类志愿者群体相对集中，能够充分发挥各自的优势和特点。

(2)按照服务角色分类。根据志愿服务的角色定位，可以将志愿者分为管理型志愿者和服务型志愿者。管理型志愿者是指从事志愿者管理的志愿者，管理型志愿者需要负责团队规范化管理、志愿服务项目策划与实践、志愿服务的组织培育和发展等工作。服务型志愿者是指在志愿服务活动当中，担任直接服务工作的志愿者。

(3)按照服务范围分类。随着志愿服务组织的不断发展，越来越多的志愿服务组织向更加专业化方向发展，服务内容更加细化，领域更多，对志愿者的业务能力提出了更高的要求。可以按照服务范围将志愿者分为各种类型，如医疗志愿者、救灾志愿者、消防志愿者、环保志愿者等。

(4)按照注册情况分类。在我国，志愿者中有相当一部分是实名注册的志愿者，即符合给定条件，经过一定程序审核和筛选后，在志愿者服务组织或管理机构正式登记注册并接受所在组织严格管理和规范使用的个人。还有一部分是因临时需要而参与志愿服务的个人，这是我国一般型志愿者中的一大部分，可以称为临时志愿者。

(5)按照专业程度分类。根据志愿者提供志愿服务的专业程度，可以将志愿者分为专业志愿者和通用志愿者。

知识链接

志愿者参与义务活动的动机可以分为三类：第一类是自我取向，参与者着重个人学习与成长，获取个人内在的满足感，依个人感受来决定参与志愿者；第二类是人际取向，参与者着重他人和团体的影响，他们的目的是结识朋友，获得他人的肯定；第三类是情境取向，他们参与是为了回应社会责任，并获得社会的认可。

54. 志愿服务组织的类型有哪些?

在我国,志愿服务具有强大的基础,志愿服务已经进入全民参与、惠及全民的双赢模式,走进了全面发展的新时代。综合来看,大致可以从三个角度进行分类。

(1)服务型志愿服务组织。在我国志愿服务最初发展阶段,社区服务、助老助残、环境保护、交通协管等提供公共服务的志愿服务是最主要的志愿服务类型。这样的志愿服务组织可以称为服务型志愿服务组织。

(2)支持型志愿服务组织。支持型志愿服务组织主要以培育和提升其他志愿服务组织为目标,当前我国支持型志愿服务组织的具体形态大致可以分为政府力量主导、社会力量主导和基金会力量主导三类。

(3)枢纽型志愿服务组织。枢纽型志愿服务组织是阶段性存在的,伴随着志愿服务的发展规律而产生,为志愿服务组织的成长提供服务,当志愿服务组织发展成熟,志愿服务体系形成之际,"枢纽"的作用和使命也就完成了。

知识链接

志愿服务组织主要有以下特点:

(1)自愿性,即组织成员在没有物质报酬的情况下,把自愿为他人和社会提供服务作为组织的使命。

(2)非营利性,即不以获取利润为目的,所有利益都不向组织成员进行分配,非营利性是志愿服务组织区别于其他社会组织的重要特征。

(3)公益性,指组织的所有活动都不同程度地以公共利益为目标,以参与或倡导服务大众的公共事务为目的。

(4)服务性,指志愿服务组织以服务社会、服务民众为根本任务,通过服务整合资源，促进个人与社会和谐发展，促进社会公平正义。

(5)社会性，志愿服务组织属于社会性组织，必须依法、依章独立自主地开展各种社会服务活动，组织内部要有基本的章程和制度框架，有完善的管理程序，能够独立自主地作出决策，开展志愿服务。

(6)多元性，即志愿服务组织的类型多元和涵盖的人群多元。所谓类型多元是指志愿服务组织既有占绝大多数党政或群团组织背景的机构，也有各类纯民间的、草根性志愿服务组织。而涵盖人群多元是指志愿服务组织既有由社区普通居民组成的志愿服务组织，也有具有行政性和影响力的党员志愿服务组织，等等。

55.志愿者的权利与义务有哪些?

(1)志愿者享有以下权利：

①获得与志愿服务有关的真实、准确、完整的信息以及在志愿服务过程中可能发生的风险。

②根据自己的意愿和时间、能力等条件，可以参与志愿服务组织开展的志愿服务活动，也可以自行依法开展志愿服务活动。

③获得志愿服务必需的条件和必要的保障。

④获得志愿服务活动所需专门知识、技能的相关培训。法律、行政法规对开展志愿服务活动有职业资格要求的，志愿者应当依法取得相应的资格。

⑤拒绝超出约定范围的志愿服务。

⑥请求志愿服务组织帮助解决在志愿服务活动中遇到的问题。

⑦有困难时优先获得志愿服务组织和其他志愿者提供的服务。

⑧未经志愿者本人同意不得公开或者泄露其有关信息。

⑨对志愿服务组织进行监督,提出批评和建议。

⑩退出志愿服务组织。

⑪其他依法享有的权利。

(2)志愿者承担以下义务:

①遵守志愿服务活动的管理规定。

②参加志愿服务所需的教育和培训。

③按照约定提供志愿服务,因故不能按照约定提供志愿服务的,应当及时告知志愿服务组织或者志愿服务对象。

④按照规定佩戴和使用志愿服务标识。

⑤维护志愿者、志愿服务组织的形象和声誉,传播志愿服务理念。

⑥不得向志愿服务对象收取报酬。

⑦尊重志愿服务对象,保守在参与志愿服务活动过程中获悉的隐私、秘密或者其他依法受保护的信息。

⑧不得损害志愿服务对象的合法权益。

⑨不得利用志愿者身份从事与志愿服务活动宗旨、目的不符的行为。

⑩法律、法规及志愿服务组织章程规定的其他义务。

知识链接

《志愿服务条例》第二十二条:

志愿者接受志愿服务组织安排参与志愿服务活动的,应当服从管理,接受必要的培训。

志愿者应当按照约定提供志愿服务。志愿者因故不能按照约定提供志愿服务的,应当及时告知志愿服务组织或者志愿服务对象。

56.志愿者的招募流程有哪些?

(1)确定招募需求。需要明确使用部门或服务对象的需求是什么,志愿者的诉求又是什么,了解招募志愿者的数量、服务的岗位要求、工作的职责范围等重要信息。

(2)制定招募政策和计划。需要结合整个志愿服务工作的总体运行实际情况,进一步制订招募工作计划和具体实施方案,并在招募计划的指导下全面统筹、规划、组织、开展相关的招募工作。

(3)启动宣传与报名。一般通过网络、微信公众号、散发宣传单、张贴招募告示、召开动员会议等途径将志愿服务活动的工作性质.工作职责、资格要求、时间安排、报名方式等内容广而告之,吸引人们报名参加。

(4)开展测试与面试工作。要在尊重申请人志愿选择、发挥申请人特长的前提下,按照特定的岗位需求确定科学的考核标准和程序,制定相应的考核内容、面试方法和评价体系,以达到择优选拔的效果。

(5)岗位匹配和确认录用。通过测试和面试的申请人可以确定为预录取人员。选拔确认工作完成后,明确使用方向和岗位的志愿者名单要予以公示和通知,及时告知申请人,确保志愿者能如期上岗开展服务。

知识链接

志愿者的招募应注意以下几个方面:志愿者的民事行为能力;志愿者的基本技能和身体素质;公布与志愿服务项目有关的真实、准确、完整的信息;明确告知在志愿服务过程中可能出现的风险;明确招募地域范围;对志愿者的个人信息保密,未经志愿者本人同意,不得公开或者向第三方提供;招募境外志愿者依照国家有关规定执行。

在招募工作结束之前还要注意：由于志愿服务是公益性和无偿性的，在到岗服务之前难免会出现志愿者流失的现象，出现这种情况要及时补充候补志愿者，因此还需要做好储备人员的通知、管理工作。

57. 志愿者注册工作基本流程有哪些？

志愿者注册是加强志愿者队伍建设，规范志愿服务的重要基础和关键环节。志愿者注册工作的推进直接关系到志愿者服务水平的提高、志愿服务资源的优化、志愿服务事业的可持续发展。志愿者注册工作的基本流程应当包括以下几个方面：

(1)申请人自愿提出申请。

(2)志愿服务组织进行审核。

(3)申请人颁发注册志愿者证章。

注册机构可根据实际需要，为注册志愿者编制管理服务号码。

知识链接

《志愿服务条例》第七条：

志愿者可以将其身份信息、服务技能、服务时间、联系方式等个人基本信息，通过国务院民政部门指定的志愿服务信息系统自行注册，也可以通过志愿服务组织进行注册。

志愿者提供的个人基本信息应当真实、准确、完整。

58. 注册成为志愿者的基本条件有哪些?

注册成为志愿者的基本条件有以下方面:

(1)年满18周岁或16至18周岁以自己劳动收入为主要生活来源者;14至18周岁者,须经其法定代理人同意;未满18周岁的在校学生申请注册的,按所在学校有关规定办理。

(2)具备参加志愿服务相应的基本能力和身体素质。

(3)遵守国家法律法规和注册机构的相关规定。

知识链接

《中国注册志愿者管理办法》第八条:

市(地、州、盟)、县(市、区、旗)、乡(镇、街道)以及大中专院校团组织及其授权的志愿者组织为志愿者注册机构。

59. 志愿者的日常管理工作主要包括哪些方面?

志愿者的日常管理工作主要包括以下方面:

(1)注册志愿者参加志愿服务后,由服务对象或组织者提供志愿者的服务时间、服务内容等证明,注册机构及其下属团组织、志愿者组织予以认定。服务时间为实际服务时间(不含往返时间),以小时为单位计量。

(2)注册机构应建立健全注册志愿者档案和信息管理系统,逐步实现网上注册和管理,促进管理工作的科学化、制度化、规范化。

(3)注册志愿者使用全国统一的标识。开展志愿服务活动时,注册志愿者应佩带以全国统一标识为主体图案的标志。志愿者旗帜和服装以红、蓝、白为基本色调。

(4)注册机构可在重大活动时或定期组织志愿者进行宣誓。

(5)注册志愿者培训工作主要由注册机构及其下属的团组织、志愿者组织负责,对注册志愿者申请人进行志愿服务基本理念培训,定期向注册志愿者提供志愿服务相关技能等方面的培训,向志愿者骨干提供专门的培训,提高志愿者的服务能力和综合素质。

(6)团组织、志愿者组织应探索和完善注册志愿者服务时间储蓄制度,使注册志愿者在本人需要帮助时,优先得到志愿者组织和其他志愿者的服务。

(7)对拒不履行义务的,注册机构可取消其注册志愿者身份。

(8)注册志愿者在志愿者组织安排的志愿服务过程中对服务对象造成损害的,由志愿者组织承担责任;志愿者组织承担责任后,有权向有故意或者重大过失的注册志愿者追偿。

(9)各级团组织、志愿者组织应逐步建立志愿者权益保障机制。依据有关法律法规、政策规定维护志愿者正当权益,推动建立志愿者保险和应急基金,做好相关救助和慰问工作。如服务对象在接受服务过程中对注册志愿者造成损害,志愿者组织应当支持受损害的注册志愿者向有关服务对象追偿损失,并提供必要的帮助。

知识链接

《志愿服务条例》第十七条:

志愿服务组织应当为志愿者参与志愿服务活动提供必要条件,解决志愿者在志愿服务过程中遇到的困难,维护志愿者的合法权益。

志愿服务组织安排志愿者参与可能发生人身危险的志愿服务活动前，应当为志愿者购买相应的人身意外伤害保险。

《志愿服务条例》第十八条：

志愿服务组织开展志愿服务活动，可以使用志愿服务标志。

60.常见的志愿服务活动有哪些？

随着志愿服务项目化趋势的不断推进，志愿服务活动质量的逐步提升，志愿服务实效的逐渐显现，志愿服务日益成为改善人际关系、提高生活质量、推动社会文明进步的重要力量。志愿组织通过志愿服务项目的策划及实施，使志愿服务真正普惠人民群众，切实做到想民所想，解民所忧，使志愿服务得到广大人民群众的认可和支持。

志愿服务活动的类型多种多样，下面来介绍一下来常见的志愿服务活动。

(1)便民利民类。提供家电维修、家政联络信息咨询等服务。

(2)扶贫帮困类。为下岗职工、残疾人、老年人、失学儿童、特殊困难家庭等弱势群体提供力所能及的帮扶。

(3)就业指导类。提供技能培训岗位推荐、维权援助等服务。

(4)治安维稳类。开展义务巡逻、矛盾调解、法律咨询、青少年帮教等服务。

(5)卫生保健类。为病人、残疾人、老年人进行健康检查、康复保健、卫生防疫、计划生育等服务。

(6)环境维护类。提供环境保洁，绿化维护、家庭美化指导等服务。

(7)宣传教育类。开展政策法规、科普知识、安全常识、健康知识宣传等服务。

(8)文体娱乐类。提供文艺宣传、健身活动、戏剧票友、棋牌娱乐、书画摄影等服务。

(9)助农增收类。组织科技人员下乡送科技、送信息、送服务。

(10)心理咨询类。对农民工、下岗失业人员、未安置大学毕业生等群体开展有针对性的心理辅导活动。

知识链接

《志愿服务条例》第十一条：

志愿者可以参与志愿服务组织开展的志愿服务活动，也可以自行依法开展志愿服务活动。

61.志愿者如何开展志愿服务？

根据《中国注册志愿者管理办法》相关规定，团组织、志愿者组织根据服务对象的需求，向注册志愿者发布服务信息、提供服务岗位，志愿者按照相关要求开展志愿服务。注册志愿者也可按照相关规定自行开展志愿服务。提倡具有相同服务意向和志趣爱好的注册志愿者在团组织、志愿者组织指导下结成志愿服务团队开展服务。

注册志愿者参加志愿服务，应通过与志愿者组织或服务对象签订服务协议书等形式，明确服务内容、时间和有关的权利、义务。未满十八周岁的注册志愿者可参加与其年龄、智力相适应的志愿服务；未满十八周岁的在校学生注册后，按所在学校有关规定参与相关志愿服务。

知识链接

《志愿服务条例》第十三条：

需要志愿服务的组织或者个人可以向志愿服务组织提出申请，并提供与志愿服务有关的真实、准确、完整的信息，说明在志愿服务过程中可能发生的风险。志愿服务组织应当对有关信息进行核实，并及时予以答复。

62. 如何开展社区志愿服务活动？

社区志愿服务活动要立足群众乐于参与、便与参与，精心设计接地气的项目，广泛开展顺民意的活动，激发社区居民的参与热情，扩大活动的覆盖面，提高活动的实效性，推动志愿服务活动进社区、进家庭。开展社区志愿服务活动要围绕以下方面进行：

(1)依托社区综合服务设施，建立志愿服务站点，搭建志愿者、服务对象和服务项目对接平台。

(2)把空巢老人、留守儿童、残疾人作为服务重点，围绕社会救助、优抚、助残、老年服务、再就业服务、维护社区安全、科普和精神文明。

(3)建设、家政服务、文体活动、心理疏导、医疗保健、法律服务等内容，广泛开展形式多样的志愿服务活动，力争覆盖困难群众所需的各种服务。

(4)采取社会工作者带志愿者的活动方式，组织志愿者在社会工作者的带领和安排下，有针对性地开展服务。

(5)通过政府购买服务等方式，鼓励和支持社会力量广泛参与社区志愿服务活动；鼓励和支持驻区单位和社区居民开展邻里互助等群众性自我互助服务活动;倡导并组织社区居民和驻区单位开展社会捐赠、互帮互助、承诺服务,为社区困难群体提供帮扶服务。

知识链接

发展社区志愿服务组织和志愿者队伍,要根据社区居民构成,培育不同类型、不同层次的社区志愿服务组织。积极动员共产党员、共青团员、公务员、专业技术人员、教师、青少年学生以及身体健康的离退休人员等加入志愿服务队伍,优化志愿人员结构,壮大志愿人员力量。要规范志愿者招募注册,根据群众的实际需要,由城乡社区、志愿服务组织、公益慈善类组织、社会服务机构等,及时发布志愿者招募信息,根据标准和条件吸纳社区居民参加志愿服务活动。依托全国志愿者队伍建设信息系统志愿服务信息平台,为有意愿、能胜任的社区居民进行登记注册。登记注册时,由居民提供个人基本信息,包括姓名、性别、年龄、身份证号、服务技能、服务时间和联系方式。由社区审核后予以登记注册,并发放《志愿者证》。

63. 志愿服务激励保障制度有哪些?

全社会应当支持志愿服务活动,尊重志愿者及其所提供的志愿服务。综合目前正在实施的相关法律规定,志愿服务激励保障制度主要如下:

(1)星级评定制度。一般以志愿服务时间作为主要评定依据。志愿服务时间是指志愿者实际提供志愿服务的时间,以小时为计量单位,包括往返交通时间。志愿者组织、公益慈善类组织和社会服务机构应当对志愿者的志愿服务时间进行核实和累计。《中国注册志愿者管理办法》和《志愿服务记录办法》都采用了“五星级”评定制度。

①参加志愿服务时间累计达到 100 小时的，认定为“一星级志愿者”。

②参加志愿服务时间累计达到 300 小时的，认定为“二星级志愿”。

③参加志愿服务时间累计达到 600 小时的，认定为“三星级志愿者”。

④参加志愿服务时间累计达到 1000 小时的，认定为“四星级志愿者”。

⑤参加志愿服务时间累计达到 1500 小时的，认定为“五星级志愿者”。

(2)嘉许回馈制度。建立志愿服务回馈制度旨在让志愿者利用参加志愿服务工作时，换取一定的社区服务，同时在就学、就业、就医等方面享受优惠或优待。《志愿服务记录办法》对志愿服务的嘉许回馈制度作了明确，主要包括：

①鼓励志愿者组织、公益慈善类组织和社会服务机构依托志愿服务记录，建立健全志愿服务时间储蓄制度，使志愿者可以在自己积累的志愿服务时数内得到他人的无偿服务。

②鼓励有关部门、社会组织和企事业单位对有良好志愿服务记录、表现优异的志愿者进行表彰奖励。

③鼓励有关单位在招生、招聘时，同等条件下优先录用、聘用和录取有良好志愿服务记录的志愿者。

④鼓励博物馆、公共图书馆、体育场馆等公共文化体育设施和公园、旅游景点等场所，对有良好志愿服务记录的志愿者免费或者优惠开放。

⑤鼓励城市公共交通对有良好志愿服务记录的志愿者给予票价减

免优待。

⑥鼓励商业机构对有良好志愿服务记录的志愿者提供优先、优惠服务。

(3)权益保障制度。志愿者正当权益的保障不容忽视。一般来讲,志愿组织、志愿者、志愿服务对象之间的法律责任关系可作如下处理:

①在志愿服务中,因志愿服务组织的过错给志愿者造成损害的,志愿服务组织者应当依法承担损害赔偿责任。

②志愿服务对象或其他相关人员对志愿者造成损害的,志愿服务组织应当协助受损害的志愿者依法获得赔偿或补偿。

③志愿者在志愿服务中对志愿服务对象或其他相关人员造成损害的,由志愿服务组织依法承担民事责任志愿者对损害有故意或者重大过失的,志愿服务组织可依法追偿。

④志愿者在志愿服务过程中,有下列情形之一,导致其生活困难的,志愿服务基金会应当给予资助:第一,因不可抗力等不能归责于第三方的原因遭受人身损害、财产损失的;第二,因他人侵权遭受人身损害、财产损失而侵权人无法查明、逃逸或者无赔偿能力的。

⑤志愿服务组织依据应当为志愿者购买人身意外伤害保险而没有购买,志愿者在志愿服务活动过程中受到侵害且有下列情形之一的,志愿服务组织应当依法承担相应的民事责任:第一,因不可抗力等不能归责于第三方的原因导致的;第二,依法应当承担民事责任的单位或者个人无法查明、逃逸或者无赔偿能力的。

⑥志愿服务组织、志愿者、志愿服务对象在志愿服务活动中发生争议的,可以协商解决,也可以依法申请仲救或向人民法院提起诉讼。

知识链接

《志愿服务记录办法》第八条:

志愿服务时间是指志愿者实际提供志愿服务的时间，以小时为计量单位，不包括往返交通时间。

志愿者组织、公益慈善类组织和社会服务机构应当对志愿者所提供的志愿服务时间进行核实和累计。

《志愿服务记录办法》第九条：

志愿服务活动（项目）结束后，志愿者组织、公益慈善类组织和社会服务机构应当对志愿者所承担工作的完成状况和服务对象的满意程度进行综合评价。

64. 扶持和保障志愿服务事业的措施有哪些？

为了促进志愿服务事业发展，《志愿服务条例》规定了多项扶持和保障措施：

（1）县级以上人民政府应当根据经济社会发展情况，制定促进志愿服务事业发展的政策和措施。县级以上人民政府及其有关部门应当在各自职责范围内，为志愿服务提供指导和帮助。

（2）国家鼓励企业事业单位、基层群众性自治组织和其他组织为开展志愿服务提供场所和其他便利条件。

（3）学校、家庭和社会应当培养青少年的志愿服务意识和能力。高等学校、中等职业学校可以将学生参与志愿服务活动纳入实践学分管理。

（4）各级人民政府及其有关部门可以依法通过购买服务等方式，支持志愿服务运营管理，并依照国家有关规定向社会公开购买服务的项目目录、服务标准、资金预算等相关情况。

(5)自然人、法人和其他组织捐赠财产用于志愿服务的,依法享受税收优惠。

(6)对在志愿服务事业发展中做出突出贡献的志愿者、志愿服务组织,由县级以上人民政府或者有关部门按照法律、法规和国家有关规定予以表彰、奖励。国家鼓励企业和其他组织在同等条件下优先招用有良好志愿服务记录的志愿者。公务员考录、事业单位招聘可以将志愿服务情况纳入考察内容。

(7)县级以上地方人民政府可以根据实际情况采取措施,鼓励公共服务机构等对有良好志愿服务记录的志愿者给予优待。

(8)县级以上人民政府应当建立健全志愿服务统计和发布制度。

(9)广播、电视、报刊、网络等媒体应当积极开展志愿服务宣传活动,传播志愿服务文化,弘扬志愿服务精神。

知识链接

《志愿服务条例》第四条:

县级以上人民政府应当将志愿服务事业纳入国民经济和社会发展规划,合理安排志愿服务所需资金,促进广覆盖、多层次、宽领域开展志愿服务。

65. 志愿服务培训工作的内容有哪些?

志愿者培训是提高志愿者服务水平和服务质量的重要手段。通过培训增强志愿者对志愿服务工作环境的熟悉程度进一步提高志愿者的志愿服务水平确保志愿者提供最优质的志愿服务。开展志愿服务培训工作要从以下方面进行：

(1)制订培训方案。培训方案应对培训起指导作用，一份完整的培训方案应包括培训原因、培训目标、培训对象、培训时间、培训地点、培训内容、培训讲师培训方式、培训预算等。

(2)开展实施培训。在志愿服务培训的实施中，要做到理论培训与实践培训相结合；通用培训与专业培训相结合；长期培训与短期培训相结合；集中培训与分散培训相结合；自主培训与组织培训相结合。

(3)确定培训的项目和内容。培训的主要项目和内容包括通用培训和专业培训。通用培训涵盖志愿服务的基本知识，如志愿精神、志愿服务价值、志愿者角色和责任、志愿者权责范围、团队协作技能、志愿服务利益等知识；专业培训是指向志愿者提供服务岗位所需要的专业知识培训，具体内容根据志愿服务的内容和岗位确定，例如去医院为病人提供志愿服务的志愿者应该掌握护理病人和残疾人的技术，为盲人聋哑人等特殊群体提供服务的志愿者需要学习盲文点字和手势语。

(4)选择合适的培训方法。培训可以采取集中授课、网络培训等方式进行。集中授课是最常用的培训方式，随着信息技术的发展，还可以采用网络的方式进行培训。与传统的培训方式相比，网络培训能减少空间、时间上的距离，节省本来必不可少的费用，而且在一定的时间内能不定期地持续反复进行。

知识链接

为了取得良好的培训效果，打造高素质志愿者团队，志愿者培训要坚持以下四个原则：

(1)科学性原则。科学性原则是指依据培训目标，遵循志愿者目标群体的身心发展特点和教育培训规律，有针对性地开展培训工作。

(2)系统性原则。系统性原则是指立足志愿服务的实际需求,规范培训工作的内容、进度、实施途径,使各类志愿者目标群体的培训能在标准上协调一致。

(3)发展性原则。发展性原则是指要以保证志愿服务项目的顺利运行、提高志愿者综合素质为直接目标,以促进志愿服务事业发展为长远目标,促进志愿者在参与务实中得到全面发展,促进其专业化服务水平的提高,使其个人的亲和力、沟通表达能力、协调能力、专业技能等综合素质得到提升。

(4)创新性原则。创新性原则是指要结合实际情况和工作需求,及时调整、创新培训的方法和模式,以激发志愿者参加培训的兴趣和热情,提高培训的效果。志愿服务培训要不断创新培训教育理念,不断丰富培训内容,改进培训方法。

66. 志愿服务协议的规定有哪些?

志愿服务协议的规定有以下方面:

(1)志愿者、志愿服务组织和志愿服务对象之间应根据平等、自愿的原则开展志愿服务活动。若有下列情况发生,应当签订书面志愿服务协议:可能危及人身安全、身心健康的;连续3个月以上专职服务的;为大型社会活动提供志愿服务的;组织志愿者在志愿服务组织所隶属行政区域以外开展志愿服务活动的;志愿服务活动涉及外籍人员的;任何一方要求签订书面协议的。

(2)志愿组织与志愿者、志愿组织与接受志愿服务的单位或者个人之间签订的书面志愿服务协议，应当包括下列条款：志愿服务内容、时间和地点；参加志愿服务的条件；志愿者的培训；志愿服务成本的分担；风险保障措施；志愿者责任的免除；协议的变更和解除；争议解决方式；需要明确的其他事项。

知识链接

《志愿服务条例》第十四条：

志愿者、志愿服务组织、志愿服务对象可以根据需要签订协议，明确当事人的权利和义务，约定志愿服务的内容、方式、时间、地点、工作条件和安全保障措施等。

67. 志愿服务记录的主要内容有哪些？

志愿服务记录是指依法成立的志愿者组织、公益慈善类组织和社会服务机构以纸质材料和电子数据等载体记录志愿者参加志愿服务的信息。志愿服务记录应当记载志愿者的个人基本信息、志愿服务信息、培训信息、表彰奖励信息、被投诉信息等内容。

(1)个人基本信息。志愿者个人基本信息应当包括姓名、性别、出生年月、身份证号、服务技能、联系方式等。需要增加志愿者其个人信息的，必须征得志愿者本人同意

(2)志愿服务信息。志愿服务信息应当包括志愿者参加志愿服务活动(项目)的名称、日期、地点、服务对象、服务内容、服务间、服务质量评价、活动(项目)负责人、记录人等。

(3)培训信息。培训信息应当包括志愿指参加志愿服务有关知识和

服务技能培训的内容、组织者、日期、地点、学时等。

（4）表彰奖励信息。志愿者因志愿服务表现突出、获得表彰奖励的，志愿者组织、公益慈善类组织和社会服务机构应当及时予以记录。

（5）被投诉信息。志愿者在志愿服务中被服务对象投诉、经核查属实的，志愿者组织、公益慈善类组织和社会服务机构应当予以记录。

知识链接

《志愿服务记录办法》第三条：

志愿服务记录遵循及时、完整、准确、安全原则，任何单位和个人不得用于商业交易或者营利活动，也不得侵犯志愿者个人隐私。

68. 志愿服务记录的基本程序有哪些？

志愿服务记录的基本程序主要有包括以下方面：

（1）采集。志愿者组织、公益慈善类组织和社会服务机构应当向志愿服务活动（项目）负责人、志愿者、志愿服务对象及时采集志愿服务信息。

（2）公示。志愿者组织、公益慈善类组织和社会服务机构将志愿服务信息记入志愿服务记录前，应当在本组织或机构内进行公示，接受社会监督。公示时间不得少于 3 个工作日，公示期满无异议的，记入志愿服务记录。

知识链接

《志愿服务记录办法》第四条：

志愿者组织、公益慈善类组织和社会服务机构应当安排专门人员对志愿服务记录进行确认、录入、储存、更新和保护，并接受登记管理机关或者业务主管部门对志愿服务记录工作的监督管理。

69. 志愿服务记录应如何管理和使用？

关于志愿服务记录的管理和使用，《志愿服务记录办法》有以下规定：

（1）保存与保密。志愿服务记录应当长期妥善保存、未经志愿者本人同意，不得公开或者向第三方提供志愿服务记录。

（2）转移和共享。经志愿者本人同意，志愿服务记录可以在其加入的志愿者组织、公益慈善类组织和社会服务机构之间进行转移和共享。志愿者组织、公益慈善类组织和社会服务机构应当对接收的志愿服务记录进行核实，并妥善保管。

（3）提供证明。志愿者需要查询本人志愿服务记录或者因升学、入伍、就业等原因需要出具本人参加志愿服务证明的，志愿者组织、公益慈善类组织和社会服务机构应当及时如实提供。志愿服务证明应当载明当事人的志愿者身份、志愿服务时间和内容。

（4）报送和发布。志愿者组织、公益慈善类组织和社会服务机构应当将志愿服务记录情况报送县级以上人民政府民政部门。县级以上人民政府民政部门可以委托具有相应资质的组织或者机构对志愿服务记录进行管理，并将相关信息及时向社会发布。

知识链接

《志愿服务条例》第三十八条：

志愿服务组织不依法记录志愿服务信息或者出具志愿服务记录证明的，由民政部门予以警告，责令限期改正；逾期不改正的，责令限期停止活动，并可以向社会和有关单位通报。

《志愿服务记录办法》第二十八条：

志愿者组织、公益慈善类组织和社会服务机构及其工作人员在志愿服务记录工作中弄虚作假的，由主管部门责令改正，并予以通报。

70. 志愿服务基金应如何管理使用？

志愿服务基金的管理使用应该严格按照《基金会管理条例》《中华人民共和国公益事业捐赠法》《社团登记管理条例》等法律法规执行。其主要应用于下列事项：资助志愿服务项目；宣传志愿服务理念；培训志愿者；救助因从事志愿服务活动受到侵害造成生活困难的志愿者；奖励作出突出贡献的志愿服务组织和志愿者；用于与志愿服务事业发展有关的其他事项。

知识链接

一般来讲，志愿服务基金的来源主要包括：社会捐赠；政府支持；基金增值收益；其他合法收入。

第四章　公益基金会

71. 什么是基金会？

基金会是指利用自然人、法人或者其他组织捐赠的财产，以从事公益事业为目的，按照《基金会管理条例》的规定成立的非营利性法人。

基金会分为面向公众募捐的基金会（以下简称公募基金会）和不得面向公众募捐的基金会（以下简称非公募基金会）。公募基金会按照募捐的地域范围，分为全国性公基金会和地方性公募基金会。

知识链接

《基金会管理条例》对基金会分类管理，明确允许设立非公募基金会，可以达到两个目的：一方面，严格管理面向公众开展的募捐活动，维护募捐秩序，控制募捐市场上的竞争，减轻公众负担，维护社会稳定；另一方面，放开政策，允许富裕的个人、企业等设立非公募基金会，使他们能更自主地实现捐赠意愿，使他们在为社会公益做贡献的同时，可以为自身带来良好的社会效益。

72.基金会的基本特征有哪些?

作为一种基本的社会组织和制度形态,基金会不同于政府、企业,也有别于一般的非营利组织,公益性、非营利性、非政府性和基金信托性是基金会的基本特征。

(1)公益性。基金会的公益性集中体现在三个方面:一是基金会源于捐赠,是公益捐赠的制度化和组织化形式;二是基金会有明确的公益宗旨;三是基金会有明确的公益用途,通过各种项目活动使特定群体和整个社会受益。公益性决定了基金会在本质上是一种社会公益组织。

(2)非营利性。非营利性体现在基金会的运作管理及其相应的制度规范中,表现在三个方面:一是存在非营利的分配与收入约束机制,要求基金会的捐赠人、实际受托管理者不得从基金会的财产及其运作中获得利益;二是存在非营利的组织运作和管理机制,要求基金会具备有效规避较高风险与较高回报的自我控制机制;三是存在非营利的财产保全机制,要求基金会不得以捐赠以外的其他方式变更财产及产权结构。

(3)非政府性。基金会的非政府性是其区别于政府的主要特征,表现在三个方面:一是基金会在决策体制上不同于政府,是具有自主决策、自治的独立法人;二是基金会在治理结构上不同于政府,是民主治理、公开的社会组织;三是基金会在运作机制上不同于政府,是追求核心竞争力、在市场中优胜劣汰的组织。

(4)基金信托性。基金会是以捐赠为基础形成的公益财产的集合,是以基金形式存在的公益财产,有两层含义:一是基金会在本质上是一种信托关系,是捐赠人、受托人和受益人之间围绕公益财产达成的公益信托,良好的公信力是其核心价值所在;二是基金会是以公益财产形式存在的财产集合,通过有效的财产运作实现保值增值是其生命力的体现。

知识链接

基金会是公民社会发育的推进器。公民社会强调每个人的独立行为能力。基金会改变了传统的社会结构和财富结构,不仅推动了在政府和企业部门之外的社会财富的聚集,还通过基金会的公益运作将社会资源的支配权交给了公民的代表,将分散的公民意志、公民意愿集中起来,将公民的权利回归到公民手上,推动公民社会的发展。

73. 社区基金会的作用是什么?

社区基金会一般成立于社区、服务于社区,具有聚集和运营社会公益资源的功能,可以充当社区需求与资源之间联系的纽带。作为一种典型的公益性社会组织,社区基金会在解决社区问题时更直接、更感性、更快捷。

社区基金会有着独特的运行机制,包括:财产独立机制、项目化的运作机制、社会治理的创新机制、银行第三方托管机制、法人治理机制、第三方评估机制。通过这样的运行机制的运作,社区基金会的发展渐成趋势,成为社区温度的一个重要加热源,吸引越来越多社区居民参与,引导人人公益、处处可为的慈善环境,让社区居民感受“社会的温度”。

知识链接

《中共中央 国务院关于加强基层治理体系和治理能力现代化建设的

意见》提出：完善社会力量参与基层治理激励政策，创新社区与社会组织、社会工作者、社区志愿者、社会慈善资源的联动机制，支持建立乡镇（街道）购买社会工作服务机制和设立社区基金会等协作载体。

74. 成立基金会的条件有哪些？

根据《基金会管理条例》，成立基金会必须具备下列条件：

（1）为特定的公益目的而设立。

（2）全国性公募基金会的原始基金不低于800万元人民币，地方性公募基金会的原始基金不低于400万元人民币，非公募基金会的原始基金不低于200万元人民币；原始基金必须为到账货币资金。

（3）有规范的名称、章程、组织机构以及与其开展活动相适应的专职工作人员。

（4）有固定的住所。

（5）能够独立承担民事责任。

知识链接

《基金会管理条例》第十一条第二款：

基金会设立登记的事项包括：名称、住所、类型、宗旨、公益活动的业务范围、原始基金数额和法定代表人。

75. 申请设立基金会要提交哪些文件?

根据《基金会管理条例》,申请人应当向登记管理机关提交下列文件:申请书;章程草案;验资证明和住所证明;理事名单、身份证明以及拟任理事长、副理事长、秘书长简历;业务主管单位同意设立的文件。

知识链接

根据《基金会管理条例》规定,登记管理机关应当自收到全部有效申请文件之日起60日内,作出准予或者不予登记的决定。准予登记的,发给基金会法人登记证书;不予登记的,应当书面说明理由。

76. 基金会章程的内容有哪些?

基金会章程必须明确基金会的公益性质,不得规定使特定自然人、法人或者其他组织受益的内容。基金会章程应当列明的内容具体如下:名称及住所;设立宗旨和公益活动的业务范围;原始基金数额;理事会的组成、职权和议事规则,理事的资格、产生程序和任期;法定代表人的职责;监事的职责、资格、产生程序和任期;财务会计报告的编制、审定制度;财产的管理、使用制度;基金会的终止条件、程序和终止后财产的处理。

知识链接

《基金会管理条例》第二十条:

基金会设理事会,理事为5人至25人,理事任期由章程规定,但每届任期不得超过5年。理事任期届满，连选可以连任。

用私人财产设立的非公募基金会，相互间有近亲属关系的基金会理事，总数不得超过理事总人数的1/3；其他基金会，具有近亲属关系的不得同时在理事会任职。

在基金会领取报酬的理事不得超过理事总人数的1/3。

理事会设理事长、副理事长和秘书长，从理事中选举产生，理事长是基金会的法定代表人。

《基金会管理条例》第二十一条：

理事会是基金会的决策机构，依法行使章程规定的职权。

理事会每年至少召开2次会议。理事会会议须有2/3以上理事出席方能召开；理事会决议须经出席理事过半数通过方为有效。

下列重要事项的决议，须经出席理事表决，2/3以上通过方为有效：

（一）章程的修改；

（二）选举或者罢免理事长、副理事长、秘书长

（三）章程规定的重大募捐、投资活动；

（四）基金会的分立、合并。

理事会会议应当制作会议记录，并由出席理事审阅、签名。

77. 基金会设立分支机构、代表机构的规定有哪些？

基金会的分支机构是基金会为开展业务活动的需要，按照业务范围科学划分而设立的专门从事业务活动的内部机构；代表机构是基金会在会址以外某行政区域设置的代表该基金会从事活动、承办基金会交办的

工作任务的机构。

关于基金会设立分支机构、代表机构,《基金会管理条例》有以下规定:

(1)基金会拟设立分支机构、代表机构的,应当向原登记管理机关提出登记申请,并提交拟设机构的名称、住所和负责人等情况的文件。

(2)登记管理机关应当自收到全部有效文件之日起60日内作出准予或者不予登记的决定。准予登记的,发给《基金会分支(代表)机构登记证书》;不予登记的,应当书面说明理由。

(3)基金会分支机构、基金会代表机构设立登记的事项包括:名称、住所、公益活动的业务范围和负责人。

(4)基金会分支机构、基金会代表机构依据基金会的授权开展活动,不具有法人资格。

知识链接

《基金会管理条例》第十七条:

基金会撤销其分支机构、代表机构的,应当向登记管理机关办理分支机构、代表机构的注销登记。

78. 境外基金会在中国内地设立代表机构的规定有哪些?

关于境外基金会在中国内地设立代表机构,根据《基金会管理条例》有以下规定:

(1)境外基金会在中国内地设立代表机构,应当经有关业务主管单位同意后,向登记管理机关提交下列文件:申请书;基金会在境外依法登记成立的证明和基金会章程；拟设代表机构负责人身份证明及简历；住所证明；业务主管单位同意在中国内地设立代表机构的文件。

(2)登记管理机关应当自收到所列全部有效文件之日起60日内，做出准予或者不予登记的决定。准予登记的，发给《境外基金会代表机构登记证书》；不予登记的，应当书面说明理由。

(3)境外基金会代表机构设立登记的事项包括：名称、住所、公益活动的业务范围和负责人。

(4)境外基金会代表机构应当从事符合中国公益事业性质的公益活动。境外基金会对其在中国内地代表机构的民事行为，依照中国法律承担民事责任。

知识链接

《基金会管理条例》第四十六条：

本条例所称境外基金会，是指在外国以及中华人民共和国香港特别行政区、澳门特别行政区和台湾地区合法成立的基金会。

79. 如何变更与注销基金会？

(1)变更基金会要求如下：

①基金会登记成立后，当涉及需要登记或变更登记的事项时，应到登记管理机关相关手续。

②基金会修改章程，应当征得其业务主管单位的同意，并报登记管理机关核准。

③基金会、基金会分支机构或代表机构和境外基金会代表机构的登

记事项需要变更的，应当向登记管理机关申请变更登记。

(2)注销基金会要求如下：

根据《基金会管理条例》的规定，基金会、境外基金会代表机构按照章程规定终止，或者无法按照章程规定的宗旨继续从事公益活动等情形下，应当向登记管理机关请注销登记。此外，基金会撤销分支机构、代表机构的，也应当向登记管理机关办分支机构、代表机构的注销登记。

基金会在办理注销登记前，应当在登记管理机关、业务主管单位的指导下成立清算组织，完成清算工作。在清算结束之日起 15 日内，基金会应当向登记管理机关办理销登记。基金会注销的，其分支机构、代表机构同时注销。

知识链接

《基金会管理条例》第十九条：

基金会、基金会分支机构、基金会代表机构以及境外基金会代表机构的设立、变更、注销登记，由登记管理机关向社会公告。

80. 构成基金会撤销登记的情形有哪些?

撤销登记是指登记管理机关依法撤销基金会登记的行政行为。根据《基金会管理条例》，构成基金会撤销登记的情形有以下几个方面：

(1)在申请登记时弄虚作假骗取登记的，或者自取得登记证书之日起 12 个月内未按章程规定开展活动的。

(2)符合注销条件，不按照《基金会管理条例》的规定办理注销登记仍继续展活动的。

(3)未按照章程规定的宗旨和公益活动的业务范围进行活动。

(4)在填制会计凭证、登记会计账簿、编制财务会计报告中弄虚作假。

(5)不按照规定办理变更登记。

(6)未按照《基金会管理条例》的规定完成公益事业支出额度。

(7)未按照《基金会管理条例》规定接受年度检查,或者年度检查不合格的。

(8)不履行信息公布义务或者公布虚假信息。

基金会、境外基金会代表机构有(3)～(8)项所列行为的,由登记管理机关给予警告、责令停止活动;情节严重的,可以撤销;登记管理机关应当提请税务机关责令补交违法行为存续期间所享受的税收减免。

知识链接

《基金会管理条例》第四十条:

未经登记或者被撤销登记后以基金会、基金会分支机构、基金会代表机构或者境外基金会代表机构名义开展活动的,由登记管理机关予以取缔,没收非法财产并向社会公告。

《中华人民共和国民法典》第九十五条:

为公益目的成立的非营利法人终止时,不得向出资人、设立人或者会员分配剩余财产。剩余财产应当按照法人章程的规定或者权力机构的决议用于公益目的;无法按照法人章程的规定或者权力机构的决议处理的,由主管机关主持转给宗旨相同或者相近的法人,并向社会公告。

81. 基金会财产是如何管理和使用的?

关于基金会财产的管理和使用,《基金会管理条例》和《基金会信息公布办法》有以下规定:

(1)基金会、境外基金会代表机构依法登记后,应当依法办理税务登记,执行国家统的会计制度,依法进行会计核算、建立健全内部会计监督制度,接受税务、会计主管部门依法实施的税务监督和会计监督。

(2)基金会组织募捐、接受捐赠,应当符合章程规定的宗旨和公益活动的业务范围。公募基金会组织募捐,应当向社会公布募得资金后拟开展的公益活动和资金的详细使用计划。在募捐活动持续期间内,应当及时公布募捐活动所取得的收入和用于开展公益活动的成本支出情况。募捐活动结束后,应当公布募捐活动取得的总收入及其使用情况。捐赠人有权向基金会查询捐赠财产的使用、管理情况,并提出意见和建议。对于捐赠人的查询,基金会应当及时如实答复。基金会违反捐赠协议使用捐赠财产的,捐赠人有权要求基金会遵守捐赠协议或者向人民法院申请撤销捐赠行为、解除捐赠协议。

(3)基金会的财产及其他收入受法律保护,任何单位和个人不得私分、侵占、挪用。基金会应当根据章程规定的宗旨和公益活动的业务范围使用其财产;捐赠协议明确了具体使用方式的捐赠,根据捐赠协议的约定使用。接受捐赠的物资无法用于符合其宗旨的用途时,基金会可以依法拍卖或者变卖,所得收入用于捐赠目的。

(4)公募基金会每年用于从事章程规定的公益事业支出,不得低于上一年总收入的70%;非公募基金会每年用于从事章程规定的公益事业支出,不得低于上一年基金余额的8%。基金会工作人员工资福利和行政办公支出不得超过当年总支出的10%。《中华人民共和国慈善法》中进一步规定,慈善组织中具有公开募捐资格的基金会开展慈养活动的年度支出,不得低于上一年总收入的70%或者前三年收入平均数额的70%;年度管理费用不得超过当年总支出的10%,特殊情况下,年度管理费用难以符合前述规定的,应当报告其登记的民政部门并向社会公开说明情况。

(5)基金会开展公益资助项目,应当向社会公布所开展的公益资助项目种类以及申请、评审程序。评审结束后,应当公布评审结果并通知申请人。公益资助项目完成后,应当公布有关的资金使用情况。事后对项目进行评估的,应当同时公布评估结果。基金会可以与受助人签订协议,约定资助方式、资助数额以及资金用途和使用方式。基金会有权对资助的使用情况进行监督。受助人未按协议约定使用资助或者有其他违反协议情形的,基金会有权解除资助协议。

知识链接

《基金会管理条例》第二十八条:

基金会应当按照合法、安全、有效的原则实现基金的保值、增值。

《基金会管理条例》第三十二条:

基金会应当执行国家统一的会计制度,依法进行会计核算、建立健全内部会计监督制度。

82. 基金会的审计制度有哪些规定?

根据财政部、民政部《关于加强和完善基金会注册会计师审计制度的通知》,基金会的审计制度有以下相关规定:

(1)年度审计。基金会应当于每年3月31日前向登记管理机关报送上一年度经注册会计师审计的年度财务会计报告和会计师事务所出具的审计报告,接受年度检查;同时将年度财务会计报告在登记管理机关指定的统一信息公开平台上公布,接受社会公众的查询和监督。

(2)离任审计。基金会在法定代表人变更时,应当向登记管理机关提交变更登记申请表和法定代表人登记表。《民政部办公厅关于全国性社会组织办理法定代表人离任审计、注销清算审计有关问题的通知》的要求如下:申请人办理法定代表人变更登记,应当向我部一次性提交《社会团体/基金会/社会服务机构变更登记申请表》和《社会团体/基金会/社会服务机构法定代表人登记表》。我部委托注册会计师事务所开展法定代表人离任审计后,根据审计情况作出同意或不同意变更的决定。

(3)专项审计。基金会开展以下活动的,应当实施专项审计,在活动结束后向登记管理机关报送经注册会计师审计的专项审计报告,并按照登记管理机关的要求向社会公布。

①重大公益项目,分为三种情形;一是当年该项目的捐赠收入占基金会当年捐赠总收入的1/5以上且金额超过50万元人民币的;二是当年该项目的支出占基金会当年总支出的1/5以上且金额超过50万元人民币的;三是持续时间超过3年的。

②因参与处理自然灾害等突发事件需要开展的募捐活动。

③登记管理机关要求进行专项审计的其他活动。

知识链接

根据财政部、民政部《关于加强和完善基金会注册会计师审计制度的通知》的规定，基金会审计经费由下列一项或多项来源构成：

(1)基金会自行承担。基金会应当根据《基金会管理条例》及其他有关要求，自行承担审计费用。

(2)财政资金。按照基金会管理权限，中央财政和地方财政安排一定的资金，由登记管理机关在以下三种情形下使用：

①基金会确因资金困难无法承担审计费用的，可以向登记管理机关提出资助申请，登记管理机关视困难程度给予全额或一定比例的资助。相关申请和管理办法由登记管理机关商同级财政部门另行制定。

②对于内部治理结构完善、财务管理透明、公益项目运作规范、评估等级较高且同时具备公益性捐赠税前扣除资格和非营利组织免税资格的基金会，登记管理机关可以奖励形式全额或部分承担审计费用。

③登记管理机关为履行监管职责直接委托会计师事务所对基金会进行的审计，审计费用由登记管理机关承担。登记管理机关应当按照国库集中支付管理制度和合同约定，将审计费用支付给受托会计师事务所。

(3)会计师事务所公益审计。财政部门和民政部门鼓励会计师事务所为部分确有困难的基金会提供公益审计服务。会计师事务所提供公益审计服务，是履行社会责任的一种重要形式，中国注册会计师协会和地方注册会计师协会在具体开展全国及各省(自治区、直辖市)会计师事务所年度综合评价排名时应当予以考虑。

83. 基金会登记管理机关应履行哪些监督管理职责?

根据《基金会管理条例》,基金会登记管理机关应履行下列监督管理职责:

(1)负责基金会的成立、变更、注销登记和备案。

(2)对基金会实施年度检查。

(3)对基金会违反登记管理条例的问题进行监督检查。

(4)对基金会违反登记管理条例的行为给予行政处罚。

知识链接

《基金会管理条例》第六条:

国务院民政部门和省、自治区、直辖市人民政府民政部门是基金会的登记管理机关。

国务院民政部门负责下列基金会、基金会代表机构的登记管理工作:

(一)全国性公募基金会;

(二)拟由非内地居民担任法定代表人的基金会;

(三)原始基金超过2000万元,发起人向国务院民政部门提出设立申请的非公募基金会;

(四)境外基金会在中国内地设立的代表机构。

省、自治区、直辖市人民政府民政部门负责本行政区域内地方性公募基金会和不属于前款规定情况的非公募基金会的登记管理工作。

84. 基金会业务主管单位应履行哪些监督管理职责？

根据《基金会管理条例》，基金会业务主管单位应履行下列监督管理职能：

（1）负责基金会筹备申请、成立登记、变更登记、注销登记前的审查。

（2）监督指导基金会遵守宪法、法律、法规和国家政策，依据其章程开展活动。

（3）负责基金会思想政治工作、党的建设和人事管理的领导。

（4）负责基金会年度检查的初审。

（5）协调登记管理机关以及其他有关部门查处基金会的违法行为。

（6）会同有关机关指导基金会的清算事宜。

知识链接

《基金会管理条例》第七条：

国务院有关部门或者国务院授权的组织，是国务院民政部门登记的基金会、境外基金会代表机构的业务主管单位。

省、自治区、直辖市人民政府有关部门或者省、自治区、直辖市人民政府授权的组织，是省、自治区、直辖市人民政府民政部门登记的基金会的业务主管单位。

85.基金会年度检查的内容有哪些?

基金会年度检查,是指基金会登记管理机关依法按年度对基金会、境外基金会代表机构遵守法律、法规、规章和章程开展活动的情况实施监督管理的制度。基金会、境外基金会代表机构应当于每年3月31日前向登记管理机关报送上一年度工作报告,接受年度检查。年度工作报告在报送登记管理机关前应当经业务主管单位审查同意。

年度工作报告应当包括:财务会计报告、注册会计师审计报告,开展募捐、接受捐赠、提供资助等活动的情况以及人员和机构的变动情况等。财务会计报告应当符合《民间非营利组织会计制度》规定的内容和要求;注册会计师审计报告应当有注册会计师事务所统一受理并与被审计的基金会、境外基金会代表机构签订委托合同的证明;开展募捐、接受捐赠、提供资助等活动情况应当有基金会履行信息公布义务的情况;人员和机构变动情况应当有按照规定办理变更登记情况以及基金会换届的会议纪要和更换法定代表人之前进行财务审计的情况等。

知识链接

《基金会管理条例》第三十八条:

基金会、境外基金会代表机构应当在通过登记管理机关的年度检查后,将年度工作报告在登记管理机关指定的媒体上公布,接受社会公众的查询、监督。

《基金会年度检查办法》第八条:

年度检查不合格的基金会、境外基金会代表机构在整改期间,登记管理机关不准予变更名称或者业务范围,不准予设立分支机构或者代表机构。登记管理机关应当提请税务机关责令补交违法行为存续期间所享受的税收减免。

86. 基金会的活动是如何规范的?

关于加强基金会在与其他组织合作开展业务活动的过程中的管理和规范秩序,根据《关于规范基金会对外开展合作等事项的提示》有以下规定:

(1)基金会要严格遵守《基金会管理条例》《民政部关于印发〈关于规范基金会行为的若干规定(试行)〉的通知》《民政部关于进一步加强基金会专项基金管理工作的通知》《社会组织评比达标表彰活动管理暂行规定》等法规政策的规定,不忘初心、牢记宗旨,依法规范开展相关活动。

(2)基金会以"主办单位""协办单位""支持单位""参与单位""指导单位"等方式开展合作活动的,应当切实履行相关职责,加强对活动全程的监管,不得以挂名方式参与合作,不得"挂而不管""顾而不问"。

(3)基金会未经批准不得擅自开展评比达标表彰活动,确需开展的应当按照规定的程序和条件提出申请。已批准设立的评比达标表彰项目,基金会不得借评比达标表彰活动向评选对象收取、变相收取或摊派费用,不得以任何形式与营利性机构合作举办或委托营利性机构举办。

(4)基金会要树立良好的品牌意识,注重高质量发展。根据管理能力严格控制专项基金规模,切实加强对专项基金的监督管理,并依法全面履行信息公开义务,接受社会监督。

知识链接

《基金会管理条例》第四十三条：

基金会理事会违反本条例和章程规定决策不当，致使基金会遭受财产损失的，参与决策的理事应当承担相应的赔偿责任。

基金会理事、监事以及专职工作人员私分、侵占、挪用基金会财产的，应当退还非法占用的财产；构成犯罪的，依法追究刑事责任。

《基金会管理条例》第四十五条：

登记管理机关、业务主管单位工作人员滥用职权、玩忽职守、徇私舞弊，构成犯罪的，依法追究刑事责任；尚不构成犯罪的，依法给予行政处分或者纪律处分。

87. 基金会应及时向社会公众公布哪些信息？

根据《关于规范基金会行为的若干规定(试行)》的规定，基金会应当及时向社会公众公布下列信息：发起人；主要捐赠人；基金会理事主要来源单位；基金会投资的被投资方；其他与基金会存在控制、共同控制或者重大影响关系的个人或组织；基金会与上述个人或组织发生的交易。

知识链接

《基金会管理条例》第三十条：

基金会开展公益资助项目，应当向社会公布所开展的公益资助项目种类以及申请、评审程序。

88. 如何理解基金会的非营利性与基金会经营行为的关系?

非营利性是基金会的基本特征。非营利,是指基金会不以营利为目的。

基金会可以为了使基金保值、增值而开展经营活动,也可以为了募集资金而开展义演、义卖等活动。这些活动的收益都要用在公益事业上,不能在内部分配;当基金会终止的时候,基金会的财产也不能归还捐赠人,要转让给其他公益组织。因此,基金会的这些经营行为仍然是以公益事业为目的,不影响基金会的非营利性。

知识链接

基金会与证券投资基金管理公司虽然同样是基金管理机构,但有本质的差别。

(1)组织形式不同。基金会是非营利组织,不以营利为目的。证券投资基金管理公司是以营利为目的的组织。

(2)所有权关系不同。基金会的基金的建立基于捐赠关系,所有权发生转移;而证券投资基金的形成则是投资行为,所有权归投资人。(基金会的财产所有权不再属于捐赠人,不能收回,捐赠人不再享有财产的占有、使用、支配和收益权,财产的转移不可逆。而证券投资基金类似于股票等有价证券,投资者可以投入一定的货币资金来购买对应份额的基金,也可以随时出售或赎回。在投资证券投资基金过程中,财产所有权并未发生转移,投资者可以随时变现收回资金,并享有投资期间的增值收益。)

(3)基金设立目的不同。基金会设立基金,目的是通过合理使用,服务于社会公益事业,谋求社会公共福利的增加和社会效益的最大化。证券投资基金则属于一种金融产品，目的是为投资者的资金提供保值增值服务，归根结底是营利性的，唯一的目标是获取利润。

(4)基金的管理方式不同。由于所有权关系和追求目标的区别，两种基金的管理方式上有很大区别。证券投资基金管理机构接受投资人委托，将基金投资于证券市场，在管理中受投资者意愿的影响，在收益性、风险性、安全性三者之间，更强调收益性。而基金会基金由于具有社会公共财产的属性，管理上主要强调安全性，收益是次要的。

此外，证券投资基管理公司可以获取管理费用，形成利润，这部分利润可用于管理者分配，而基金会虽然运营支出全部来源于基金及其增值，但基金会作为管理者，并没有自己的利益，基金会的任何收入都不能用于分配。

89. 彩票发行与销售管理的规定有哪些？

(1)彩票发行。《彩票管理条例》第三条明确规定："国务院特许发行福利彩票、体育彩票。未经国务院特许，禁止发行其他彩票。禁止在中华人民共和国境内发行、销售境外彩票。"

①严格程序。彩票发行机构申请开设、变更、停止彩票品种，应当经国务院民政部门成者国务院体育行政部门审核同意，向国务院财政部门提交申请国务院财政部门对申请进行审查并作出书面决定。其中，申请开设彩票品种，须向国务院财政部门提交下列申请材料一是申请书；二是彩票品种的规则；三是发行方式、发行范围；四是市场分析报告及技术可行性分析报告；五是开奖、兑奖操作规程；六是风险控制方案。《彩票

管理实施细则》同时明确，彩票发行机构拟开设彩票品种或者拟变更彩票品种涉及对技术方案进行重大调整的，可以根据需要委托专业检测机构进行技术检测。

②明确时限。对彩票品种的开设、变更、停止申请，国务院财政部门应当自受理申请之日起，分别在90、45、10个工作日内，对申请进行审查并作出书面决定。其中，对开设彩票品种，还需在审查的过程中，通过专家评审、听证会等方式对开设彩票品种听取社会意见。但是，因维护社会公共利益的需要，在紧急情况下，“国务院财政部门可以采取必要措施，决定变更彩票品种审批事项或者停止彩票品种”。

③信息公开。经批准开设、停止或者变更彩票品种审批事项的，彩票发行机构应当在开设，变更、停止的10个自然日前，将有关信息向社会公告。

(2)彩票销售。《彩票管理实施细则》第十条规定：“各省、自治区、直辖市福利彩票、体育彩票的销售网络，由福利彩票销售机构、体育彩票销售机构提出方案，分别报省级民政部门、体育行政部门批准后建立。”近年来，随着通信技术的发展和新技术应用的普及，彩票销售还出现了电话销售、互联网销售等形式。

值得注意的是，彩票的互联网销售涉及人群广泛，安全风险较高。为规范彩票发行销售行为，维护彩民合法权益，财政部、民政部等八部委出台公告，明出确指出：彩票发行机构申请开展互联网销售彩票，属于变更彩票发行方式，应当按规定经民政部或者国家体育有总局审核同意，由彩票发行机构向财政部提出申请，财政部作出书面决定。未经财政部批准，任何单位不得开展互联网销售彩票业务。

①彩票代销者。彩票发行机构、彩票销售机构可以委托单位、个人代理销售彩票，且应当与接受委托的彩票代销者签订彩票代销合同。彩

票代情者不得委托他人代销彩票。彩票代销者应具备以下条件:一是年满18周岁且具有完全民事行为能力的个人,或者具有独立法人资格的单位;二是有与从事彩票代销业务相适应的资金;三是有满足彩票销售需要场所:四是近5年内无刑事处罚记录和不良商业信用记录;五是彩票发行机构、彩票销售机构规定的其他条件。

彩票互联网代销者应当具备以下条件:一是具有独立法人资格;二是注册资本不低于500万元人民币;三是有符合要求的场所和安全保障措施;四是有健全的组织机构、内部控制制度和风业管理措施;五是单位及其高级管理人员近5年内无犯罪记录和不良商业信用记录;六是取得相关互联网信息服务经营许可证。

彩票电话代销者应当具备以下条件:一是具有独立法人资格,注册资本不低于1000万元人民币;二是有符合要求的场所和安全保障措施;三是有健全的组织机构、内部控制制度和风险管理措施;四是单位及其高级管理人员近5年内无犯罪记录和不良商业信用记录;五是取得相关增值电信业务经营许可证。

②彩票投注专用设备。彩票销售机构应当为彩票代销者配置彩票投注专用设备。彩票投注专用设备属于彩票销售机构所有,彩票代销者不得转借、出租、出售。对于"委托他人代销彩票或者转借、出租、出售彩票投注专用设备的"彩票代销者,由民政部门、体育行政部门责令改正,处2000元以上1万元以下罚款;有违法所得的,没收违法所得。彩票代销者若因此受到处罚的,彩票发行机构、彩票销售机构有权解除彩票代消合同。

③销售行为。彩票发行机构、彩票销售机构、彩票代销者不得有下列行为:进行虚假性、误导性宣传;以诋毁同业者等手段进行不正当竞争;向未成年人销售彩票;以赊销或者信用方式销售彩票。违反这些规

定的，由民政部门、体育行政部门责令改正，处2000元以上1万元以下罚款；有违法所得的，没收违法所得。彩票代销者有上述行为受到处罚的，彩票发行机构、彩票销售机构有权解除彩票代销合同。

彩票互联网代销者，要向互联网彩票购买者发送彩票购买成功或未成功信息。信息内容应当包括：投注账号、投注彩票游戏名称和金额、投注时间、合作单位或者互联网代销者名称以及相关的验证码等，或购买未成功的原因。

彩票电话代销者，要与彩票购买者签订服务协议；在彩票购买者的投注信息经电话销售彩票管理系统受理、彩票销售系统确认后，由电话销售彩票管理系统向彩票购买者发送购买成功或者未成功信息。同时，禁止利用电话跨省销售彩票。

需要销毁彩票的，由彩票发行机构报国务院财政部门批准后，在国务院民政部门或者国务院体育行政部门的监督下销毁。彩票销售原始数据保存期限，自封存之日起不得少于60个月。

④彩票购买者。彩票购买者应当具备以下条件：第一，必须是成年人。第二，通过互联网购买彩票时，彩票购买者应当提供本人使用的银行借记卡账户，并与投注账户绑定。第三，利用电话购买彩票，彩票购买者应当注册开设投注账户。投注账户信息包括彩票购买者姓名、有效身份证件号码、银行借记卡账号、注册电话号码、归属行政区域；并且每个有效身份证件仅限注册一个电话销售彩票投注账户。

知识链接

彩票，是指国家为筹集社会公益资金，促进社会公益事业发展而特许发行、依法销售，自然人自愿购买，并按照特定规则获得中奖机会的凭证。国务院特许发行福利彩票、体育彩票。彩票不返还本金、不计付利息；彩票的发行、销售和开奖，应当遵循公开、公平、公正和诚实信用的原则。

90. 彩票开奖与兑奖管理的规定有哪些？

(1)彩票开奖需要遵守的规定：

①公开公正。《彩票管理条例》第二十一条规定："彩票发行机构、彩票销售机构应当按照批准的彩票品种的规则和开奖操作规程开奖。国务院民政部门，体育行政部门和省治区、直辖市人民政府民政部门，体育行政部门应当加强对彩票开奖活动的监督，确保彩票开奖的公开、公正。"为确保彩票销售数据的完整、准确和安全，该条例第二十二条规定："当期彩票销售数据封存后至开奖活动结束前，不得查阅、变更或者删除销售数据。"

②及时公告。《彩票管理条例》第二十四条规定："彩票发行机构、彩票销售机构应当在每期彩票销售结束后，及时向社会公布当期彩票的销售情况和开奖结果。"《彩票管理条例实施细则》对此进一步明确，第三十二条规定："彩票发行机构、彩票销售机构应当向社会公告彩票游戏的开奖方式、开奖时间、开奖地点。"对于当期彩票的公告内容，《彩票管理条例实施细则》第四十一条明确：彩票发行机构、彩票销售机构应当及时、准确、完整地向社会公告当期彩票销售和开奖情况，公告内容包括：彩票游戏名称，开奖日期或者期号；当期彩票销售金额；当期彩票开奖结果；奖池资金余额；兑奖期限。对于因自然灾害等不可抗力事件导致不能按期开奖的，《彩票管理条例实施细则》第四十条要求：因自然灾害等不可抗力事件导致不能按期开奖的，应当及时向社会公告后延期开奖；导致开奖中断的，已开出的号码有效，应当及时向社会公告后延期开出剩余号码。

(2)彩票兑奖需要遵守的规定:

①针对彩票中奖者,根据《彩票管理条例》和《彩票管理条例实施细则》的相关规定,彩票中奖者应当自开奖之日起 60 个自然日内,持中奖彩票到指定的地点兑奖;最后一天为《全国年节及纪念日放假办法》规定的全体公民放假的节日或者彩票市场休市的,顺延至全体公民放假的节日后或者彩票市场休市结束后的第一个工作日;彩票品的规则规定需要出示身份证件的,还应当出示本人身份证件;逾期不兑奖的视为弃奖。同时,明令严禁使用伪造、变造的彩票兑奖。

②针对彩票发行机构、彩票销售机构、彩票代销者,《彩票管理条例》有以下规定:

一是按规则规程兑奖。《彩票管理条例》第二十六条规定:"彩票发行机构、彩票销售机构、彩票代销者应当按照彩票品种的规则和兑奖操作规程兑奖。"

二是奖金以人民币一次性兑付。《彩票管理条例》第二十六条强调:"彩票中奖奖金应当以人民币现金或者现金支票形式次性兑付。"《彩票管理条例实施细则》第四十四条对此细化:"彩票中奖奖金不得以人民币以外的其他货币兑付,不得以实物形式兑付,不得分期多次兑付。"

三是不得向未成年人兑奖。

四是保密义务。《彩票管理条例)第二十七条规定:"彩票发行机构、彩票销售机构、彩票代销者以及其他因职务或者业务便利知悉彩票中奖者个人信息的人员,应当对彩票中奖者个人信息予以保密。"

五是尊重中奖者意愿。《彩票管理条例实施细则》第四十五条特别规定:"彩票发行机的彩票销售机构、彩票代销者及其工作人员不得违背彩票中奖者本人意愿,以任何理由和方式要求彩票中奖者捐赠中奖奖金。"

知识链接

现阶段我国彩票管理的主要法律依据有《彩票管理条例》《彩票管理条例实施细则》《民政部彩票公益金使用管理办法》《民政部彩票公益金民政部项目立项和评审办法》《民政部彩票公益金项目督查办法》《民政部彩票公益金使用管理信息公开办法》《民政部彩票公益金服务和其他类项目管理办法》《民政部彩票公益金培训项目管理办法》《体育彩票公益金管理暂行办法》《电话销售彩票管理暂行办法》《互联网销售彩票管理暂行办法》《中央集中彩票公益金支持社会福利事业资金使用管理办法》等。

91.如何管理使用彩票公益金?

彩票公益金是按照规定比例从彩票发行销售收入中提取的,专项用于社会福利、体育等社会公益事业的资金,纳入政府性基金预算管理,专款专用,结余结转下年继续使用。《彩票管理条例》《彩票管理条例实施细则》《彩票公益金管理办法》,都对彩票公益金相关问题进行了规定。2017年,财政部、民政部联合印发《中央集中彩票公益金支持社会福利事业资金使用管理办法》,对彩票公益金支持社会福利事业资金管理,提高资金使用效益进行更加明确的规定。2018年,民政部也下发(民政部彩票公益金使用管理办法)等六个办法的通知,以加强民政部彩票公益金使用管理,明确管理责任,规范管理程序,提高资金使用效益。

(1)收缴

①彩票销售机构按月上缴。彩票公益金由各省、自治区、直辖市彩

票销售机构根据国务院批准的彩票公益金分配政策和财政部批准的提取比例,按照每月彩票销售额据实结算后分别上缴中央财政和省级财政:逾期未兑奖的奖金由彩票销售机构上缴省级财政,全部留归地方使用。

②上缴中央财政的彩票公益金,由财政部驻各省、自治区、直辖市财政监察专员办事处负责执收;西藏自治区应上缴中央财政的彩票公益金,由西藏自治区财政厅负责执收。

③上缴省级财政的彩票公益金,由各省、自治区、直辖市人民政府财政部门负责执收。

(2)分配和使用

①上缴中央财政的彩票公益金,用于社会福利事业、体育事业、补充全国社会保障基金和国务院批准的其他专项公益事业,具体使用管理办法由财政部会同民政部、国家体育总局等有关部门制定。

②上缴省级财政的彩票公益金,按照国务院批准的彩票公益金分配政策,坚持依照彩票发行宗旨使用,由省级财政部门商民政、体育行政等有关部门研究确定分配原则。

③省级以上民政、体育行政等彩票公益金使用部门、单位,应当于每年 3 月底前向同级财政部门报送上年度彩票公益金使用情况。

④逐步加大福利彩票公益金对社会服务志愿者队伍建设支持力度。

(3)宣传和公告

①彩票公益金资助的基本建设设施、设备或者社会公益活动等,应当以显著方式标明"彩票公益金资助—中国福利彩票和中国体育彩票"标识。

②)财政部应当于每年 8 月底前,向社会公告上一年度全国彩票公益金的筹集、分配和使用情况:省级财政部门应当于每年 6 月底前,向社

会公告上一年度本行政区城内彩票公益金的筹集、分配和使用情况。

③省级以上民政、体育行政等彩票公益金使用部门、单位，应当于每年6月底前，向社会公告上一年度本部门、单位彩票公益金的使用规模、资助项目、执行情况和实际效果等。

知识链接

《彩票管理条例》第三十六条：

彩票发行费、彩票公益金的管理、使用单位，应当依法接受财政部门、审计机关和社会公众的监督。

彩票公益金的管理、使用单位，应当每年向社会公告公益金的使用情况。

第五章 社会服务机构

92. 什么是社会服务机构?

社会服务机构通常是指由政府、社会团体或个人兴办的,通过社会福利从业人员,包括专业社会工作者、半专业的服务人员、辅助工作人员等,为基本生活遇到困难的人群提供福利服务的非营利组织。社会服务机构一般具有明确和清晰的使命、宗旨、目标、服务重点和服务承诺、服务策略,作为自我评估和社会评价的依据,强调社会使命和社会责任。

我国的社会服务机构主要包括政府、群众组织、公益机构和社会服务非政府组织。公共服务机构包括教育机构、公共卫生机构、公共文化服务机构和社会福利机构。主要有政府机关、医院、学校、邮局、研究机构、文化宫和文化馆、体育馆和电影院、工会、福利院和孤儿院救助站等社会卫生救助慈善机构、律师事务所等中介机构、专业协会、商业协会等众多机构。

知识链接

我国发展社会服务机构的意义有以下方面:

(1)社会服务机构的发展促进了政府职能的转变。

(2)社会专业服务满足了社会弱势群体的个别化和系统化服务的需求。

(3)社区社会服务机构的发展为居委会减负创造了条件。

(4)社会服务机构能够发挥吸纳集聚社工人才的作用。

93. 我国社会服务机构的类型有哪些?

(1)社会福利服务机构。社会福利服务机构是无偿向社会上的特困群体、困境群体提供基本生活服务和照顾的机构。其职能是承担政府规定的社会福利服务任务,如儿童福利院、老人福利院等。这类机构可以分为政府办和民办两种,其中政府办的社会福利服务机构占多数,在我国社会福利事业发展中发挥着重要作用。

(2)社会服务类民间组织。社会服务类民间组是在民政部门登记成立,由民间自筹资金,向社会上有特殊困难的群体提供无偿或低偿服务的机构。这类机构是我国体制改革之后发展起来的,在社会福利服务事业发展中发挥着不可替代的补充功能。

(3)民办社工作服务机构。民办社会工作服务机构是以社会工作专业人才为主体,坚持“助人自助”宗旨,遵循社会专业伦理规范,综合运用社会工作专业知识、方法和技能,开展困难救助、矛盾调处、权益维护、人文关怀、心理疏导、行为矫治、关系调适、资源链接等服务的社会服务机构。这类机构是社会工作专业人才发挥作用的重要平台,是整合社会工作资源、提供社会工作服务的重要载体也是承接政府社会服务职能的重要依托。这类机构在我国社会服务及相关领域发挥着重要作用。

知识链接

《中华人民共和国民法典》第八十七条:

为公益目的或者其他非营利目的成立,不向出资人、设立人或者会员分配所取得利润的法人,为非营利法人。

非营利法人包括事业单位、社会团体、基金会、社会服务机构等。

94. 社会服务机构是如何进行运作的？

社会服务机构的运作，一是根据社会服务机构内部的动态管理机制和过程，机构在推动内部各部门运作时对授权、协调、沟通、控制四个功能性环节的科学把握；二是根据社会服务机构的服务内容，引入项目化运作方式，项目管理成为社会服务领域中的一个重要管理制度和组织运作方式。

(1)社会服务机构运作的功能性环节

①授权。授权是指上级主管活当地将职权交给下属的过程。授权的目的是让社会服务机构发挥最大效率，授权也有助于提高下属或员工的满意度。社会服务机构主管可授权的内容包括：一是授权任务，即派下属或员工完成多项任务；二是授予“权力”，一项授权任务必须拥有足够的职权来完成，如果只要求下属或员工完成某项任务，而不给予权力，不利于工作的开展；三是所授权力要进行明确的限制，强调这个权力仅限于从事某一特定任务。

②协调。协调是社会服务机构中各部门的活动化为一致性行动的过程，通过发挥团队精神，顺利执行各部门的活动，实现共同目标。协调的目的包括：一是促进各部门的密切配合、分工合作，从而如期实现工作目标；二是推动各部门和员工步调一致，化个别努力为集体合作的行动，增进组织效率。

社会服务机构的协调活动可分为程序性协调和工作性协调。程序性协调是在制订机构的活动计划时，对不同部门，人员的相关活动在时间、过程方面的合理搭配，使服务活动在进行过程中互相支持、互相配合。这种协调是在活动设计过程中进行的。工作性协调是在服务进行过程中，领导者具体地联系、调节各方面行动，以便它们互相配合地活动。

③沟通。沟通是指通过各种渠道传播消息、事实、观念、感觉和态度，来达到共同了解的活动。沟通在各项管理功能中都占有重要的地位。社会服务机构的管理者在沟通方面扮演着非常重要的角色，包括上情下达，下情上达，与同事协调、向公众交代等。

对上沟通，要主动积极，保持职业化和专业性，了解机构管理层的需求。做事没达到机构管理层的期望时，要及时消除误解并衷心感谢机构管理层的帮助。平级沟通，要追求双赢。阐明共同利益，平时注重情感联系并主动提供支持，密切协作，及时祝贺对方取得的成绩。对下沟通，要及时最进，多动情，少讲理，坦率具体，避免下属建立心理防御，平时要注意想于人先、走于人前。

④控制。控制是指社会行政组织在动态变化的环境中，为确保实现既定目标而进行的检查、监督、纠偏等管理活动。控制工作的目的就是保证机构服务活动的有序与高效。具体的控制行为有：一是确保行政实施计划的实施方向，使行政实施的工作状态与行政计划的工作状态尽量相符合，确保行政实施的结果和人们的预期目标一致；二是实行授权管理，对员工的工作进程和绩效加以考核；三是发现错误，纠正错误，减少冲突。

控制系统包括：控制目标体系、控制主体、控制的对象、控制的方法和手段。控制工作依靠结构完整、全面、严谨的组织系统，通过明确的职责分工，具体可行的管理条例，最后将职责落实到人，才能有效控制机构的员工及其所从事的服务。

(2)社会服务机构的项目化运作方式

在动态发展中的社会服务领域,管理部门存在大量的临时性、一次性、创新性、跨部门、缺资源的任务,如救灾抢险、公共卫生疾病控制应急管理、社会服务的研究、社区服务的创新、各类志愿服务的组织等,都可以运用项目管理的方式进行。

①社会服务项目的特征。一是明确而具体的目标。即为了达到特定目标进行资源组合及活动,这些特定目标是指比较具体的、期望达到的状态。二是具有明显的时间周期特征。项目是在相对明确的时间内达到目标的行动安排,常常表现为时间上的要求或周期性的限定。三是多个行动主体共同协调的活动。项目的运作需要涉及不同的社会成员、社会群体通过集体努力以达到目标。四是多种资源的动员和整合。项目的实施需要动用人力、物力、财力等多种资源,并加以合理配置以实现目标。

②项目管理对于社会服务的意义。项目管理是指在一定时间内为了达到特定目标而调集到一起的各种系统资源和人员的组合,为了取得特定成果而开展的系列相关活动。做好项目管理对于社会服务有重要意义:一是明确目标使服务活动更趋理性化;二是合理使用资源;三是激发社会服务机构人员的能力;四是更加客观地跟踪检查各项社会服务的进程、质量、效果和存在的问题。

③社会服务项目的实施过程。社会服务机构的项目组织实施体系可能与机构的原组织结构是一致的,也可能会因为实施全新项目而建立新的结构。项目在组织结构层次与分工方面一般可分为决策层、管理层、执行层。社会服务机构的项目实施过程包括“设定目标—制订计划—采取行动—检讨结果”四个步骤。项目的具体实施则可根据社会服务方案的推行步骤去加以执行。

知识链接

社会服务机构的主要功能是提供福利服务，从业人员以社会工作者为主，也包括其他专业人员，如临床心理学家、医护人员、物理治疗师、职业治疗师等，强调运用专业知识、技术提供优质服务。

95. 社会服务机构的组织结构类型有哪些？

任何一个社会服务机构都有一定的组织形式，组织内部通过角色（成员）之间的分工和合作。完成社会服务的任务。组织内部各部门之间的这种相对稳定的联系方式，形成了社会服务组织的正式结构。社会服务机构的组织结构大致可分为一般结构类型和团队结构类型。

（1）社会服务机构的一般结构类型

组织的一般结构是指组织的等级体系和权责限定，这是任何组织都不可缺少的结构。社会服务机构的一般组织结构可分为直线式组织结构、职能式组织结构和直线参谋式组织结构。

直线式组织结构是最简单的组织方式，组织由上而下分成若干等级、各层级中每一个部门地位相等、权责相符，层级间只有直线和垂直关系。垂直式的职权是一种由上而下的指挥关系，主管在其所属的范围内具有绝对的指挥权，而主管也承担有关活动和实现组织目标的责任。

职能式组织结构是将职能部门权力化，在特定工作范围内。职能部门可以直接对其他管理人员下达命令。

直线参谋式组织结构是指组织层级之间存在着水平和垂直的关系，而参谋作为专家有责任来协助直线部门的管理者。参谋的职权是主管授权的一种权力形式，例如一个儿童保护机构可以设立研究部门充当机构领导的参谋。

(2)社会服务机构的团队结构类型

社会服务机构因需要解决的各类社会问题相对复杂，涉及不同领域、不同学科、不同专业的服务提供者，需要采用团队方式提供服务。团队可分成多功能型团队、问题解决型团队和自我管理型团队三种类型。

①多功能型团队。多功能型团队是指由来自同一等级、不同专业领域的成员组成，共同来完成某一项任务的团队。其有效性在于能够使机构内(甚至机构间)不同领域的成员之间可以交换信息，激发出新的观点，解决面临的问题，协调复杂的项目。在社会工作领域最典型的多功能团队是为处于多重困难的服务对象提供的个案管理服务。多功能型团队的不足之处在于其形成的早期阶段要消耗大量的时间。一方面团队成员需要花费时间学会处理复杂多样的工作任务；另一方面用以成员之间，尤其是那些专业背景、经历和观点不同的成员之间，需要花费时间建立起信任并能真正合作。

②问题解决型团队。社会服务机构的多数团队是问题解决型团队，这些团队的成员每周用几个小时来碰头开会，讨论如何提高服务效率、提升服务质量和改善工作环境等问题，成员也会就如何改进服务流程和服务技术相互交换看法或提供建议。问题解决型团队有助于团队成员通过调查研究、集思广益厘清机构或项目的问题、风险和机会，拟出服务方案和执行计划。但这类团队具有临时性质，任务完成后团队就解散，团员容易出现短期行为，不利于机构总体目标的实现。

③自我管理型团队。自我管理型团队也被称为高绩效团队，自然形成的工作小组，被赋予丁较大的自主权，集计划、指导、监督和控制于一身，包括控制工作节奏、决定工作任务的分配、安排工作休息等。但也要

求团队成员能够高度自律，并能够有较好的工作业绩。这种类型的团队通常由10～16人组成，是真正独立自主的团队，他们不仅探讨问题怎么解决，并且亲自设计解决问题方案并实际执行，且对工作结果承担金部责任。

知识链接

社会服务机构的服务对象主要包括儿童、青少年、妇女、老年人、残障人士等一系列社会弱势群体和因各种原因而使生活陷入困境的人群。根据定义，社会服务机构的性质可以从以下三个角度来解释：

(1)社会服务机构是价值驱动的非盈利组织。

(2)社会服务机构是从事经常性、连续性服务的实体社会组织。

(3)社会服务机构是一个福利服务输送系统。

96. 社会服务机构的领导方式有哪些？

社会服务机构并不是一个工作人员可以自我组织起来并良好运行的组织，它需要一定的组织结构和领导结构。机构领导人也要运用合适的方式、方法对机构或员工进行引导、督促和考核，即对成员进行有效领导。

(1)获取员工的合作。一个成功的领导者，一般都表现为能与员工建立良好的合作关系。具体方法包括：一是领导者要让员工了解组织的作方向和目标，了解员工彼此之间的关系以及工作团队的实质及其目标实现的途径。二是领着必须能推动工作准则的建立，并使员工能够认同和执行。三是领导者应正视工作中出现的摩擦及不和，进行适当调整，以保障工作的眼利进行并达到预期的目标。四是领导者在计划与目标发生改变时,应及时、主动地向员工说明改变了什么及为什么改变,使员工充分理解并积极合作。

(2)使用领导者的权威。社会服务机构的领导者有合法的权力行使其相应职权,只是在行使过程中要审慎考虑需要性、可行性和职责性。领导者使用权威的另一个含义是强调要经常训练员工如何操作业务和完成任务。尽管员工有时对所订立的标准存有异议,但是作为领导者必须加以引导,并督促员工按决定去做。

(3)引导与沟通。社会福利机构的高层领导在向中,基层主管授权的过程中应阐明授权的事项,一般他们能在权限范围内指挥员工。中层主管需要高层领导的鼓励和训练,以保证其工作能产生一贯性。同时,如果他们能进行双向沟通,则有利于提高执行能力和效果,以达到预期目标。另外,当员工向主管倾诉有关工作的问题和一些看法时,主管应有诚意和耐心“倾听”其诉说,同时也要对员工加以支持、引导、影响,推动发展性的讨论。此外,在一些必要的和被允许的情况下,主管要主动找员工面谈,这将有助于鼓舞员工的士气,并有利于监督工作的进行及修正错误。

(4)维持纪律与督导训练。对员工的纪律和督导训练,首要工作是把工作准则与规定向员工交代和说明清楚,并采取前后一致及合理的途径,监督员工遵照规定去执行。另一个重要观念是,纪律是用来改进行动的,而不是报复和惩罚的工具。因此,当员工违规时,主管的态度应庄重,保持一致性,并给予理性、清晰及适当的处置。

(5)发挥团队精神。团队精神的建立与发挥是以员工都能清楚地了解工作的目标及评估标准为基础的。主管要使每名员工都能认识到,机构目标的实现有赖于每一名员工在团队工作中的积极表现和努力。而主管的首要任务是把每名员工看成是有成就动机的人，并将这些成就动机整合在机构的目标之中。

知识链接

在社会服务机构中，由于多数员工是受过专业训练的社会工作者或其他专业人士，加上机构“以人为本”的工作性质，因此其领导具有以下突出的特征。

(1)较少运用职位赋予的正式权力领导下属。在许多社会服务机构内，员工的工资多数是政府根据专业技术级别而规定的标准性工资，不是机构所能控制的，因此，机构的领导较少用行政权力、金钱的奖赏和报酬来影响员工的工作。

(2)较多运用指导、诱导方式影响下属。在社会服务机构中，一般而言，领导都比较重视通过沟通、互相尊重等方式与下属相处，大多数采用指导和诱导的方式影响员工的工作。社会工作服务比较强调员工的自主性，只要领导给予其发挥的机会并加以信任，员工就会努力工作。这也使得机构领导较多在介入方法、策略、工作程序设计上给予员工适当的指导，让他们的服务产生良好的效果。

(3)注重使用影响他人的能力和技巧。在社会服务机构中，领导如果能够恰当使用影响他人的能力和技巧，可以大大提高员工的积极性。这些能力和技巧包括：理性地运用各种客观的事实、数据和观点说服别人；运用机构所制定的政策、原则和一些合理的要求影响员工；利用个人的吸引力、学识经验、关系和人情等影响他人。

97. 社会服务机构的激励措施有哪些？

社会服务机构的员工每天面对困境中的服务对象，容易出现工作欠缺成就感、士气低落和认为工作无意义的现象，因此，领导者如何有效适时地激励员工对服务对象的权益保护和机构目标的实现都有重要影响。社会服务机构领导激励员工的方式主要有以下几种。

(1)了解员工的个别差异。根据研究表明，人们的态度、人格和其他个人表现具有差异性，因此，机构管理者要充分认识各种差异，要尽可能根据个人的特点分配工作。例如，让那些既有能力又有意愿的成熟员工承担更多或更重要的工作；通过工作内容的扩展，降低员工对工作的倦怠；对于那些具有高度自主性和足够能力的员工，可以重新设计工作职位，让他们能够有更高的自主性自行决定工作的方法和步骤，由此来满足员工的高层次需求和提高其工作动力。

(2)用目标引导员工，增进其对工作的兴趣。机构管理者一般都会为每名员工确定一个特定的具有挑战性的工作目标，激励员工为实现这个目标而努力。这种外在目标的激励对多数员工都是必要和有效的，但关键在于这类目标应由机构管理者和员工共同设定，因为其一方面要考虑个人对目标的接受程度，另一方面要考虑组织的整体目标和文化。对于机构管理者而言，重要的是确认员工能达到和实现设定的目标。

(3)提供员工参与决策的机会。为了提升员工的士气、促进机构上下级之间的沟通以及提高员工对工作的满足感，机构管理者应提供机会让员工参与机构决策，并允许员工对自己的福利待遇、机构的未来发展方向、机构服务推行方式等提出建议。

(4)协助员工制订职业生涯发展计划。社会服务机构中每个员工都有自我实现的愿望,因此,机构管理者要协助员工制订员工职业生涯发展计划,使其有机会评估自己的技能,潜能和事业前程,将个人目标和机构目标有机地结合起来。

知识链接

激励机制一旦形成,它就会内在地作用于组织系统本身,使组织机能处于一定的状态,并进一步影响着组织的生存和发展。激励机制对组织的作用具有两种性质,即助长性和致弱性,也就是说,激励机制对组织具有助长作用和致弱作用。

(1)助长作用。激励机制的助长作用之一是定的激励机制对员工的某种符合组织期望的行为具有反复强化、不断增强的作用,在这样的激励机制作用下,组织不断发展壮大,不断成长。我们称这样的激励机制为良好的激励机制。当然,在良好的激励机制之中,肯定有负强化和惩罚措施对员工的不符合组织期望的行为起约束作用。激励机制对员工行为的助长作用给管理者的启示是:管理者应能找准员工的真正需要,并将满足员工需要的措施与组织目标的实现有效的结合起来。

(2)致弱作用。激励机制的致弱作用表现在:由于激励机制中存在去激励因素,组织对员工所期望的行为并没有表现出来。尽管激励机制设计者的初衷是希望通过激励机制的运行,能有效地调动员工的积极性,实现组织的目标。但是,无论是激励机制本身不健全,还是激励机制不具有可行性,都会对一部分员工的工作积极性起抑制作用和削弱作用,这就是激励机制的致弱作用。在一个组织当中,当对员工工作积极性起致弱作用的因素长期起主导作用时,组织的发展就会受到限制,直到走向衰败。因此,对于存在致弱作用的激励机制,必须将其中的去激励因素根除,代之以有效的激励因素。

98. 社会服务机构人力资源管理的重要性有哪些？

社会服务机构的人力资源管理主要是指对机构的专业人员、半专业人员和志愿人员的任用、培训与发展、激励和维持的活动。

在社会服务机构推进人力资源管理具有重要意义：一是从员工角度而言，良好的人力资源管理能激发员工的潜能，有助于增进员工对组织的参与感，归属感，进而达到自我实现；二是对组织而言，有助于组织凝聚力的形成和组织的创新，使机构能够应对日趋激烈的服务竞争；三是对服务使用者而言，也有助于更好满足其需求，提升服务的质量。

知识链接

人力资源管理是与规划、组织、领导、控制并行的一个重要管理功能，主要面对的是组织中的人这一要素。人力资源管理是对组织中相关人员管理的哲学、政策、程序和实务，是由人力资源的招募、发展、激励和维持所组成的过程。这种管理强调重视员工的价值，通过对员工的策略管理，协助组织实现目标。

99. 社会服务机构人力资源管理的主要内容有哪些？

社会服务机构的活动主要是动员和组织资源开展服务，在此过程中，人力资源占有极其重要的地位。这是由社会服务机构提供专业化服务的性质决定的。这样，社会服务机构必须注重人力资源管理。

在社会服务机构中，人力资源管理主要分为以下几项工作：

(1)任用。任用是招聘并分配员工到组织设定的职位工作的过程，包括吸引符合资格的人才进入机构，从候选人员中选取最佳人选，训练新人，分配工作，并处理与此相关的一些事务。

(2)训练与发展。训练与发展包括进行员工的训练，协助员工学习新技术，以增进员工的工作能力，进而改变其在组织中的工作表现。另外，将员工个人长期发展的目标与组织目标连接，协助员工完成职业生涯发展。

(3)绩效评估与激励。绩效评估是指持续评估个人和团体对组织的贡献，同时与相关人员沟通、评估结果。评估有各种不同的方法和途径，但其目的是为了决定训练需求、改进机构工作、决定奖惩标准。所谓激励，是指促使员工有意愿地追求组织目标，其策略包括选择适当的激励方法、工作再设计、降低员工的疏离感、提升员工的工作满足感、将报酬与绩效相结合以及处理员工抱怨等。

(4)薪酬管理。薪酬管理是指决定要支付给员工何种级别的工资、奖金以及提供给员工何种福利和非财物的薪酬。合理的薪酬对员工的士气和工作表现非常重要。

(5)员工关系与维持。员工关系是指提升管理单位和员工之间的和谐关系的过程，包括改善工会与管理层的关系、公平对待员工、员工辅导等重要的活动。维持是指提供适当的工作条件和环境，以维持或增进员工对组织的认同，如提供有效的员工福利方案、建立安全及健康的工作环境及保持适当的沟通与申述渠道等。

知识链接

人力资源管理对社会服务机构而言是十分重要的，因为社会服务机构一直面对着内部压力和外部挑战。从机构内部压力看，社会服务机构经常面临员工工作动力不足，土气不高、欠缺成就感和工作无意义等内在压力；从机构的外部环境看，社会服务机构面临的是一个复杂多变的社会，如果不能适时调整和增进员工的工作技巧和能力，就有可能会因为与现实环境脱节而使工作遭受挫折，甚至降低服务的质量。

在社会服务机构中推进人力资源管理具有重要意义：一是从员工角度而言，良好的人力资源管理能教发员工潜能，有助于增进员工对组织的参与感、归属感，进而达到自我实现；二是从组织角度而言，有助于组织凝聚力的形成和组织创新，使机构能够应对激烈的服务竞争；三是从服务使用者角度而言，也有助于更好地满足需求，提升服务质量。

100. 社会服务机构的资金来源有哪些方式？

社会服务机构的主要资金来源有以下三种方式：

(1)政府资助。政府的资助方式般通过购买服务和奖励来实现。购买服务是指政府和社会服务机构订立购买服务的契约，由社会服务机构提供公共服务成社会福利服务的公益运作方式。政府奖励可分为补助和协议合作。补助是政府拨出一笔经费直接协助社会服务机构提供服务，政府扮演奖励者角色。协议合作则是由政府与社会服务机构共同决策并拿出经费给社会服务机构提供服务，政府扮演的是伙伴角色。

(2)社会捐助。社会捐助主要是指来自个人、企业、基金会的慈善捐款，支持社会服务机构开展服务。

(3)低偿服务。低偿服务主要是指向非基本服务对象收取较低水平的服务费以抵充服务成本。

知识链接

社会服务机构争取社会捐助的努力，离不开对个人和企业捐款动机的分析和把握。想要获得捐款，就要分析捐款人的动机。

(1)个人捐款的动机

①个人需要。部分捐款人认为捐款可以满足自尊的需要，通过捐款施惠于人有快乐的感觉，并可以建立自尊和自我肯定。部分捐款人认为捐款可以得到别人的肯定，有利于建立社会形象。还有部分人捐款已成为习惯。

②外界影响。有些捐款者是受亲戚、朋友、同事的影响而捐款。

③利他动机。部分捐款人完全以利他为中心，愿意雪中送炭帮助他人。部分捐款人认为大家应该有福共享、有难同当，帮助他人。还有部分捐款人重视宗教理念，认为捐款是一种道德责任。

(2)企业捐款的动机

①市场营销。企业愿意将钱财和实物捐给公益事业，认为这个过程可以为企业带来新的利益和新的顾客，让企业在市场上占有优势。企业管理者认为捐款能使其获得最基本的收益时，则较容易成为捐款者。这是因为，市场营销式的捐款可以使企业在市场中占有优势，并使人对捐款企业产生信任感。

②公共关系。当一个企业将其利润中的相当部分用于捐款时，一般情况下是为了提升公司形象，表明自己是一个“有社会责任感”的企业，是为社会和民众尽义务的企业。这也是企业为了在本地赢得良好声誉的策略。

③自我利益。在一些情况下，企业捐助(做善事)的原因是为了自己获利。有些企业的捐款并非是为了增加短期获利或是建立良好的公共关系，而是为了增加长期获利，仍以能使自己获利为最重要的考虑因素。

④税法策略。缴纳税款的额度也会影响公司的捐款行为，一些企业为了合理避税而捐赠。

⑤社会联谊（俱乐部）。企业的捐款也可能被当作一种赢得他人赞赏和承认的理由。捐款者一方面希望自己心中能有良好感受，另一方面也希望捐赠能够成为自己独有的行为。

101. 社会服务机构开展筹资的方法有哪些？

社会服务机构可以运用的筹资方法很多，下面简要介绍几种方法。

(1)项目申请。如果服务机构的大宗款项来自政府购买或基金会资助，一般要填写项目申请书，因为政府、基金会对服务机构的资助常常是以项目的形式出现的。

(2)服务机构要想从政府、基金会获得经费支持，在项目申请书中要说明以下内容：

①向政府或基金会申请这笔经费支持的意义，或申请这笔经费（有时是实物）要做什么，其用途要符合社会福利或社会公益目标，符合政府或基金会的资助目标。

②要说明资助的重要性，即这笔资助对于项目对象的必要性。

③要说明资助额及申请这一数量资助的原因，需要列出较细致的项目预算。

④要说明怎样使用这笔资助，即怎样将这笔资助运用于机构的服务。

⑤要说明使用这笔资助可能达到的预期效果。

⑥要说明使用这笔资助的社会交代的方法，即如何向资助者报告赞助项目的结果。

服务项目不同、资助方不同，项目申请书的写法略有不同，但上述几个方面是必须要说清楚的。

(2)公益众筹。社会服务机构、企业或者个人将想要完成的公益项目展示在互联网平台，通过向网民筹集资金来完成项目目标，这被定义为“公益众筹”。

在由社会服务机构作为发起方进行“公益众筹”时，重点应做好三个方面工作：

①加强项目服务方案的设计。要着重描述项目产出的关键特征、前景，通过设计具有新颖性的服务来吸引公众。

②加强项目宣传方案的策划。项目宣传方案的策划应注意从细节入手，用高质量的图片、视频和真挚的文字去引导公众了解和体验众筹项目的意义、价值，激发起公众参与公益众筹的强烈欲望。

③加强项目信息的传播。一般而言，项目发起者应该先在众筹平台发布项目，使自己的项目得到公益平台认可，增加自己项目的信任度，再充分调动朋友圈，通过朋友圈的扩散效应，扩大项目的知名度和认知度，以便在项目截止时间内完成众筹。

(3)私人恳请。私人恳请是机构领导者、员工和志愿者与他们的潜在捐款人面对面会谈，表达需求、寻求帮助、请求捐款的筹款方式，属于较私密的、注重人际关系的筹款方式。

(4)特别事件筹资活动。特别事件是社会服务机构通过对特殊事件的服务，引起社会大众对机构和相关事件的关注。这些特别事件包括重大灾害发生、社会危机事件、机构纪念活动等。一般通过召开记者会、研讨会，展览会、义卖会、演明会等活动，提高社会服务机构与目标民众的接触机会，增加组织的筹款金额。

知识链接

良好的筹资方法应该充分考虑机构的名誉、特点、与捐款人的关系、筹安人员与志愿者的素质、竞争状况等，最重要的是为筹款活动注入重要性、紧迫性、相关性内涵。如果筹资活动的目标与社会关注的问题、个人的兴趣相关，筹款策略或活动的实施就能得到关注和回应。

102. 社会服务机构财务管理的主要内容有哪些?

社会服务机构属于非营利机构，共财务管理目标与营利组织有很大的不同。与营利组织相比，社会服务机构财务管理的目标以使命、服务为根本出发点，因此，看重点在于稳定及长期发展。当危机发生时，不到万不得已，不会随便解雇员工。当然，社会服务机构必须有危机意识，因为其可能与其他营利或非营利机构发生竞争。总之，社会服务机构只有拥有良好的财务管理与规划，保持机构财务稳定，才能使服务得以不断扩展、机构得以持续健康发展。

社会服务机构财务管理的主要内容包括三个方面：

(1)资本预算。机构从事长期投资时，评估投资的可行性及衡量风险的程序与方法。

(2)长期融资。讨论机构在长期发展中如何通过融资从外部取得资金，以维持理想的资金结构。

(3)运作资金管理。探讨机构在平时的运作中如何操作与管理短期资金。

知识链接

财务管理对社会服务机构经营具有重要意义，其功能主要表现在四个方面：一是提供经费支持方案执行，通过成本分析、监控预算等环节使执行更有效率、更节约成本的方案；二是避免社会服务机构的财务危机，保障机构的正常运行；三是强化机构的公信力，可使捐款人更愿意捐款；四是通过“投资管理”使基金增值，开辟更多财源。

103. 社会服务机构制定财务预算的方法有哪些？

社会服务机构每年都需要提交年度财务预算。鉴于社会服务机构每年所要解决和应对的新问题不断增加，新开展的服务以及原有服务的扩展都使得社会服务机构总是处于资金紧缺的状况，因此，社会服务机构在财务方面一般会尽量维持一个没有亏损也没有盈余的状况。制订财务预算的方法主要有以下三种：

(1)单项预算法。单项预算法是社会服务机构最基本的也是最常用的预算方法。它以当年的预算作为规划来年预算的基准，以渐进的方式为基础规划来年的预算。

(2)方案预算法。方案预算法是以某项活动计划为基础，根据方案的需要列明各项开支和资源设备等，编成份预算方案，适用于向某些基金会申请资助。

(3)零基预算法。社会服务机构每年开始制订下一年度的预算时，以没有钱为出发点，根据机构在来年的实际需要而作出预算。

知识链接

社会服务机构一般通过设立下列3个机制实现控制财务资源的目的，维持机构内的收支平衡。

(1)会计系统和记录。会计系统是记录过去所发生的资源流动的过程。社会服务机构通过建立一系列的表格和程序，清楚记录机构内的收入、支出和付款，并加以统计，制作出每个月的财政收支报告。

(2)财务控制。社会服务机构通过定期审核单位内的财政状况实现财务控制。机构每个月都应制作一最新的财政报告，列出每个项目每个月的总收入和支出，以及该月累计的总收入和支出，年度预算额与到现在为止的总收入和总支出占年度预算的百分比等资料来作为财政控制依据。

(3)审计。社会服务机构每年都要进行审计工作，将已核实的财政报告提交上级主管部门，或者以机构的年报出版，或在机构的网页上公布。一般而言，民间社会服务机构会聘用独立的会计或寻找志愿的审计人员核定机构每年的财政报告，以便对机构的财政进行监察，避免出现欺诈或假公济私等现象。

104. 社会服务机构是如何展现其公信力的?

社会服务机构集多方资源为社会服务的特点，要求它必须在诸多方面作出交代。社会服务机构公信力的展现，就是要求机构根据社会福利的多元交代特质，主动、积极和负责地向社会提供机构的经费使用情况资料、服务成效评估资料，以证明机构履行了社会职责、满足了服务对象的需要。具体而言，这些交代包括：

(1)财政交代。主要是向提供或赞助服务经费的政府、金会、捐款人提供财政报告，证明资金使用的适当性和效益.

(2)政治交代。主要是向立法和权力机构、社会媒体交代机构履行社会责任和义务的情况。

(3)企业交代。机构要证明其聘用的社会工作者在服务中遵守社会工作守则、坚守专业操守并提供了达到良好专业水平的服务。

(4)服务交代。社会服务机构不仅要向服务对象提供服务，还要提供令其满意的服务，而服务对象满意度的评估不但要反映问题的解决程度，也要证明服务是在机构内部严谨的行政监督、专业督导下提供的。

(5)行政交代。主要说明机构内部管理制度和程序的正常运作，包括向理事会、管理人员和前线工作人员等作交代。

知识链接

社会服务机构的公信力是指社会服务机构获得政府、社会和公众信任的能力。社会服务机构实现了它的承诺就会获得各方信任，就具有公信力。社会服务机构必须通过评估向社会大众和资源赞助人提交服务表现和成果用来证明服务是有效的，满足了服务对象的需求，获得了应有的社会效果。这种社会交代会直接影响社会和公众对该机构的信任。

105. 社会服务机构的公信力评估主要有哪些内容?

(1)资金的合理使用和运作。社会服务机构主要运作的是服务项目，政府、基金会和一些捐款者主要是赞助服务项目，而不是赞助机构。

因此,赞助人般都希望将经费的大部分用于实际服务。社会服务机构必须说明其经费是否被合理地运用于服务项目。

(2)服务和活动与组织使命和宗旨保持一致。社会服务机构的使命和宗旨是其对解决社会问题的公开承诺,具有较高的价值取向,反映的是期望实现的意图、努力从事的事业和志愿投入的精神,属理念层次。社会服务机构使命和宗旨的实现依托于具体的服务和活动,脱离了机构使命和宗旨的服务和活动,即使有利于机构生存,也会招致赞助人、服务使用者以及社会大众的质疑,进而影响机构的公信力。

(3)财务与信息的透明化。社会服务机构的资金主要来自政府、基金会、一般捐赠和服务收费,政府除了直接给予财政支持外,有时通过社会政策给予某些服务减免税的待遇。因此,社会服务机构要定期公开财务报告和服务评估报告,让主要赞助人、服务使用者及社会大众了解机构整体运行报告,为他们监督提供方便。社会服务机构必须在财务与信息的透明化方面作出说明。

(4)规范的治理结构。社会服务机构要通过适当的治理结构来保证机构的主要管理者不会损害公众的利益。理事会是社会服务机构治理结构的主要内容,社会服务机构有必要对机构的治理情况作出说明。

知识链接

评估是建立社会服务机构公共信任的重要途径,而对机构的信任也是影响捐助人(包括政府和基金会)行为的最重要的因素。社会服务机构评估包括社会服务机构本身的评估和社会服务绩效的评估。公信力评估是确保社会服务机构诚信的一种制度安排,其作用在于帮助社会服务机构树立和强化社会公信。公信力评估主要是外部评估,是在政府或外界力量的要求下进行的。

社会服务机构的监督体系有助于推进社会服务机构运作的规范化,

包括内部的监督机制和外部的监督机制。内部的监督机制主要是确保社会服务机构的基本性质，包括监事会的监督、理事会的监督、机构规章制度的监督和机构信念、使命的监督。外部监督机制，主要是指其他利益相关者为了各自的利益，通过不同途径对社会服务机构的管理者和服务人员进行监督。

106. 社会服务机构开展公共关系的意义有哪些？

(1)公共关系可以让社会大众对社会服务机构的工作、服务和活动有正确和深入的认识。一方面有助于建立机构鲜明生动的形象，让社会各界知道什么情况下该向机构求助；另一方面有助于让政府及各界继续认同和支持机构所做的工作。

(2)公共关系可以使机构建立良好的形象和关系，有助于机构在众多申请者中获得正面了解，获得赞助机构或公众的好感。因此，社会服务机构一方面要提高机构运行的透明度，说明政府拨款和公众捐款都花在有需要的地方；另一方面要促进志愿者对机构的了解，从而有助于社会服务机构的志愿者招募工作。

(3)公共关系可以提升社会各界对机构的使命，新计划成新观念的认同。特别是一些富有争议性的事项，公共关系有助于消除社会各界的误解和成见。

(4)公共关系可以就政策的制定和立法的修订进行游说工作，让机构在较为有利的环境下开展服务。

知识链接

公共关系是机构为了更好地生存，努力促进自己与公众之间的理解和适应的活动。它有助于建立和维持机构与公众之间的相互沟通、理解、接受和合作，解决和处理各种公众问题，有助于对公众舆论不断了解并及时作出反应，有助于使机构的经营管理活动有效地适应各种变化。公众调研、传播、合乎道德的沟通交往是社会服务机构公共关系的基本手段。

107. 社会服务机构开展公共关系的主要方法有哪些？

(1)写新闻稿。写新闻稿是社会服务机构公共关系最常用的手法之一。新闻稿投稿之前必须了解传媒的宣传角度，掌握它们选择新闻的原则，这样能增加刊登的机会。因此要注意以下几个方面：第一，新闻一般是最新发生的事件，或者是事件的最新发展；第二，要涉及公众利益和公众关心的议题；第三，要写最重要、最吸引读者的东西。新闻稿应拟定简单标题，用带有机构名称或标志的信纸打印，注明“新闻稿”字样、撰写日期和查询电话。

(2)开记者会。记者会召开的基本前提是要有明确和有吸引力的主题，例如机构某项活动的启动仪式，对某个突发性社会议题的回应，或者是机构进行的某项研究的成果发布，等等。记者会的主讲人一般是机构中中指定的新闻发言人，要求口才好，熟知有关问题。此外，可找熟悉相关问题的不同职位或背景的人担任主讲人，必要时还可以服务对象现身说法以增加吸引力。记者会召开前要准备文字资料，包括新闻稿以及记者会的程序、讲稿、相关的背景资料等。记者会后要收集有关的报道存档,并留意是否有误解或失实的报道。

(3)接受媒体采访。在接到受访任务时,首先要了解采访细节,清楚访问题目,估量采访角度。在接受采访过程中,对信息和资料的把握要客观准确。

(4)制作机构的刊物。机构刊物是另一种促进社会大众对机构了解的途径。制作机构刊物要注意:一要了解机构刊物的读者群,这对刊物的取材、编排和写作手法都有很大的影响;二是根据机构的人力和财政资源情况决定是定期还是不定期出版;三是确定刊物以哪些内容为主、开辟哪些专栏,这些都要以读者和办刊目的为转移。

(5)建设机构网站等媒体平台。现如今网络已经成为人们获取信息的重要途径,也是社会服务机构发展公共关系的重要载体。一方面要做好机构网站建设,注意网页设计、内容更新,使机构网站成为机构宣传的重要窗口;另一方面,要积极利用新媒体平台,做好机构微博、微信等自媒体平台,及时发布机构相关信息,扩大社会影响。

(6)公开演讲。公开演讲是一个与公众双向沟通的机会,可以用来发展公共关系。公开演讲的关键是:第一,要认清本次演讲的目的;第二,要根据所掌握的基本资料,确定演讲主题和重点;第三,演讲前要形成包括标题、称谓、引子、内文和结语的结构完整的演讲词。演讲要注意演讲艺术,最后要概述重点或重申其重要性,或就演讲内容作出呼吁。

(7)筹备特别活动。所谓特别活动,就是机构根据机构本身和服务对象的需要开办的展览会、开放日、研讨会、晚会、庆祝会等活动。特别活动的适当开展有助于加深社会大众对机构的印象,加强社会各界对机构的认识。特别活动不一定是大规模的。在筹办特别活动中主要考虑的因素有机构的形象,举办活动的时间,服务对象的兴趣和需要,机构的人力、财力和物力资源。如果要筹备特别活动,就要做好如下工作场地选择和布置,嘉宾和主讲人的邀请,工作人员配置、志愿者配合,以及决定宣传方式和准备宣传品。

知识链接

社会服务机构公共关系的特点有:

(1)公共关系是通过策划富有创意的活动,运用不同的渠道将信息传递给特定对象的过程。公共关系是全面和长期的传播策略和活动,借此可以获得公众的了解、接受和支持。

(2)公共关系工作要依据事实,而不是盲目地夸大或曲解事实。

(3)公共关系需要根据对象选择合适的沟通媒介,以便与公众和社会进行直接和有效的沟通。

(4)公共关系的对象除了服务对象、社会大众、传媒等社会服务机构外部人群外,还包括社会服务机构的内部人群,如员工、会员、志愿者、董事会或委员会成员等。公共关系运用各种手法,他们深入了解机构的工作及最新动向,培养其对机构的归属感。

第六章 社区社会组织

108. 什么是社区社会组织?

社区社会组织是指由社区居民发起成立,在城乡社区开展为民服务、公益慈善、邻里互助、文体娱乐和农村生产技术服务等活动的社会组织。

社区社会组织以社区成员为主体,以服务社区、活跃社区生活、提升社区精神文明为目的,在社区中开展丰富多样的活动,弥补了社区居委会(村委会)功能不足,促进社区自治,加强社区管理,整合社区资源,拓展社区服务,丰富业余生活,培育公益意识,提高居民参与水平,是增强社区凝聚力的重要途径。

知识链接

作为城乡社区治理体系的重要组成部分,社区社会组织是居民群众参与社区治理、服务居民的重要载体。培育发展社区社会组织,对加强社区治理体系建设、推动社会治理重心向基层下移、打造共建共治共享的社会治理格局具有重要作用。

109. 社区社会组织的特征有哪些?

(1)群众性(民间性)。人以群分是人类社会性的一个特征。社区社会组织具有贴近生活、贴近群众的特征,居民群众可以通过年龄大小、兴趣爱好、共同利益等自愿参与社区社会组织的团队活动。从单位制管理中独立出来的社会人和社区人,需要寻求单位之外新的依托载体来满足其精神、文化需求;同时,经济能力的普遍提高使得人们有可能追求多元化、更高层次的需求满足。社区社会组织可以把具有共同特点或需求的人组织起来,建立相应的组织,开展不同形式和丰富多彩的活动,为社区居民的交往和沟通创造条件,在社区居民之间构筑交往和沟通的桥梁,满足居民交往和沟通的需求,促进社区居民彼此之间相认、相识、相知和相互帮助,使社区真正成为社区居民生活的共同体。

(2)自益(服务)性。社区社会组织是因居民的共同需求而组成的,社区社会组织的触角可以延伸到社区每一类人群,提供的服务可以覆盖到每一个成员。社区社会组织既能不断创新服务形式,满足人们日益增长的多层次、多样性、个性化的需求,又能不断发现人们生活中出现的新需求,扩展社区服务领域,推动社区服务的可持续发展。

(3)互益性。社区社会组织是居民志愿参与,通过互相帮助等形式,表达和维护自身合法权益(如生存权、安全生活权、受教育权、享受文化娱乐权等)的团体。社区的本质是"一定地域的社会生活共同体",守望相助的社区特性本身就具有互益特征。同时,不同的群体有不同的利益,都在社区中得到交汇,从而使社区居民互益。

(4)公益性。社区社会组织有利于群众参与社会管理和公共服务,提高居民文明水准。“人民群众中蕴藏着无穷无尽的力量”，社区社会组织可以通过各种有效的活动，承担各项社会管理和公共服务工作，挖掘社区居民的创造力，发挥社区居民的活力。最具代表性的是社区中的志愿者群体。他们有效地发挥志愿者的作用，扩大志愿者的影响，提高社区的公益水平。

知识链接

社区社会组织是社会组织的重要组成部分，除具有非营利性、非政府性、自治性、志愿性等社会组织的共同属性外，还有其特殊属性，主要表现在四个方面：

(1)规模小。社区社会组织主要由本社区的居民或单位发起成立，基于满足社区居民的内在需求，一般对成员人数、组织机构没有特定要求，对活动资金要求不多，成本较低。

(2)数量多。我国社区社会组织的数量相当庞大，但目前还没有正式的统计数字。

(3)活动区间小。社区社会组织产生于社区，自然活动于社区、服务于社区。

(4)影响小。基于社区社会组织的上述特点，其影响与全国性和地方性的社会组织相比较小。

110. 社区社会组织的社会功能有哪些？

(1)满足人们多样需求。从空间结构与生活形态方面看，形式多样的社区社会组织的活动是吸引居民陶冶情操、强身健体的重要载体与有效平台,既拓展了人们的交往空间结构,又提升了居民的生活质量与幸福指数。例如,文体协会、书画协会、摄影协会、腰鼓队、太极拳队、象棋协会等文化类社区社会组织,不仅以其特色活动丰富了社区居民的精神文化生活,还为居民的交往和沟通搭建了舞台,是居民建构社会资本培育及社会信任的组织载体与连接平台。

(2)培育社会公益精神。以社区社会组织为载体开展社区公益服务,开启了社区服务社会化和专业化的新取向。社区社会公益事业的成长既要靠政府的助推,也要靠大量热心公益事业的社区社会组织的发展来支撑。社区社会组织参与社区公益服务具有重要战略意义,这不仅因为弥补了政府和市场覆盖空间的不足,更重要的在于推动了社区服务的社会化,激活了社区居民参与的主体意识和公共精神。将社区社会组织的运作转化为社区公益行为,实现了公益精神与公益活动的有机统一。

(3)化解社区社会矛盾的润滑剂。随着社会主义市场经济的深入发展,社会利益格局不断分化、重构,因分配不均、不公产生的社会利益矛盾日益凸显。因此,除了要建立健全相应的利益分配政策外,还应建立畅通的利益协商管道和平台。而社区社会组织就是重要的利益协商管道和平台,因为社区社会组织是由一群主要基于利他主义动机的个人组成的,扎根于社区,因此对社区有深切理解,能清楚地表达穷人以及边缘群体的利益诉求社区社会组织一方面可以为个体提供利益诉求的机会与平台,另一方面可以受党和政府委托,深入社区做群众工作,预防和消解社会矛盾。

(4)实现社区民主的重要组织平台。居民自治是社区民主化建设的根本目标取向,而居民参与是实现社区自治的基本前提。实践证明,社区社会组织是吸引社区居民融入社区的重要平台与组织载体。许多居民正是通过参与社区社会组织的活动而融入社区这一地域性"生活共同体”之中的。参与是民主的基石与基本要素，没有广泛的公众参与，就不可能有社区民主化的有效成长。居民参与社区公共事务的广泛程度与有序程度，是衡量社区民主化水平的“晴雨表”。居民参与公共事务的积极性越高，参与的有序化程度越高，说明社区民主化水平就越高。

培育社区社会组织，提升居民的组织化程度，既可以吸引居民的参与热情，又有助于提高居民的有序参与水平，进而提高社区民主化程度。社区社会组织与基层社区有很强的共生关系：基层社区建设为社区社会组织成长提供了社会空间，社区社会组织的成长又推动了基层社区建设。在这种共生发展关系中，社区社会组织在基层社会获得充分的成长空间，夯实了公民社会的社会基础，有效提升了社区社会组织的能力与水平。随着和谐社区建设的深入开展，社区社会组织对基层社区建设的积极效应将会日益显现。

知识链接

社区社会组织在创新社会治理、完善社区服务、引领志愿服务、做好群众工作、营造社区文化等方面具有重要作用，是扩大社区居民参与的“催化剂”、加强社区党委和居民关系的“黏合剂”、疏导城乡社区治理难题的“减压阀”、完善社区服务体系的“助推器”。

111. 申请社区社会组织备案应具备哪些条件？

申请社区社会组织备案应具备下列条件：

(1)有规范的名称，社区社会组织的名称由“行政区划名称＋街道名称(＋社区名称)＋业务范围的反映＋组织形式”，或“行政区划名称＋街道名称(+社区名称)+字号+行(事)业或业务领域+组织形式”组成。

(2)有相对固定的活动场所。

(3)有与业务活动适应的工作人员(会员或服务对象原则不得少于10人)。

(4)有规范的章程。

(5)社区社会组织负责人应当具有完全民事行为能力。

知识链接

关于对社区社会组织实行备案管理,应从以下方面开展:

(1)区(县)民政部门负责本辖区内社区社会组织的综合协调、指导和管理工作。

(2)社区社会组织开展重大活动,应提前两日向业务主管单位报告,每年年底前向业务主管单位报告本年度工作总结和下一年度工作计划。

(3)社区社会组织名称、负责人、业务范围、活动地域、住所、活动资金等发生变更或需要注销的,应报经业务主管单位审查后,到备案机关办理相关手续。

(4)有债权、债务纠纷的社区社会组织申请注销的,需处理完债权、债务纠纷后方可办理注销手续。

112. 申请社区社会组织备案应提供哪些材料?

申请社区社会组织备案应由发起人或主要负责人提供下列材料:《××市社区社会组织备案申请表》;活动场所证明;负责人的基本情况、身份证明;会员或从业人员名册;章程。

知识链接

备案单位在收到全部有效材料之日起10个工作日内出具同意或不同意备案意见。同意备案由备案单位发放《社区社会组织备案证书》;不予备案的,应当书面说明理由。

113. 社区社会组织的备案程序有哪些?

社区社会组织备案流程有四步:发起人提出申请,业务主管单位初审,登记管理机关审核,颁发证书。具体说明如下:

(1)社区社会组织发起人向业务主管单位提出书面备案申请,并填写《××市社区社会组织申请备案表》。

(2)业务主管单位初审合格后,将有关材料一式三份报送街道(镇)民政办审查,对符合备案条件的予以核准备案;对不符合备案条件的不予办理,并向申请人说明不予办理的理由。

(3)报送的一式三份材料,由备案机关审查后,备案机关、业务主管单位、申请组织各存一份。

(4)备案机关在收到社区社会组织提交的全部有效申请材料之日起15个工作日内办理完毕。

(5)备案机关对核准备案的社区社会组织颁发《社区社会组织备案证书》。

知识链接

一般来说,社区社会组织主要活动场所所在地的居(村)委会是该组织的业务主管单位。跨社区(村)的社区社会组织,由社区社会组织主要活动场所(住所)所在地的居(村)委会作为业务主管单位。除此之外,区(县)民政局可以授权其他具备条件的组织为社区社会组织的业务主管单位。街道、乡镇也可以当作社区社会组织的业务主管单位。业务主管单位负责社区社会组织的指导、管理和服务工作。

114. 登记管理机关不予备案的社区社会组织有哪些?

登记管理机关不予备案社区社会组织有:拟设立的社区社会组织的宗旨、业务范围不符合有关政策规定的;在同一社区(村)区域内已有名称相同的;申请过程弄虚作假的;已经在工商行政管理部门、民政部门登记的及其他部门登记、备案的组织;社区(村)内成立的临时性、阶段性的不具备组织特征的内部组织;社区社会组织的上级业务主管部门不委托居(村)委会为该组织的业务主管单位的;法律、法规禁止的其他情形。

知识链接

社区社会组织的备案管理机关一般是社区社会组织所在地街道(镇、乡)民政办公室,也可以是区、县民政局。

115. 撤销社区社会组织备案的情形有哪些?

社区社会组织有下列情形之一的,备案单位应当责令改正,拒不改正的,由备案单位撤销备案,并按有关法律规定处理:不按章程开展活动的；涂改、出租、出借《社区社会组织备案证书》的；不按照规定办理变更备案手续的；不接受备案单位管理的；非法取得收入以及侵占、私分、挪用社区社会组织资产或者所接受的捐赠、资助的；连续两年不主动参加公益事业评估的；设立分支机构的；有其他违反相关管理规定行为的。

备案的社区社会组织的活动违反其他法律、法规的，由有关国家机关依法处理。

知识链接

撤销备案的社区社会组织名称不得再次使用，其主要负责人不得再担任其他社区社会组织的主要负责人。

116. 如何办理变更或解散、终止社区社会组织的手续？

社区社会组织备案事项发生变更的，应自变更之日起 10 日内填写《社区社会组织申请变更备案表》，到备案机关办理变更手续。需要解散、终止的，应按章程规定的程序解散、终止。主要负责人在组织解散、终止之日起 30 日内填写《社区社会组织申请注销备案表》，到备案机关申请注销备案，并上缴《社区社会组织备案证书》。

知识链接

社区社会组织变更需要备案的事项包括组织的名称、负责人、业务范围、活动地域、住所、活动资金等。其中，住所变更是指组织的活动场所或办公地址的变换。

117. 社区社会组织应开展哪些活动?

社区社会组织在提供社区服务、扩大居民参与、培育社区文化、促进社区和谐等方面发挥着积极的作用。因此,街道(乡镇)、社区(村)应加强组织动员,引导社区社会组织应积极开展活动。居民可通过社区社会组织开展的活动参与社区生活、享受社区服务更加广泛,对社区社会组织的感知度和认可度进一步提升,使社区社会组织服务领域进一步拓展,服务质量进一步提升,成为参与城乡社区治理的重要力量。社区社会组织应开展以下活动:

(1)“邻里守望”系列社区志愿服务活动。引导社区社会组织在城乡基层党组织领导、基层群众性自治组织指导下,以“邻里守望”等为主题,开展有特色、有实效的主题志愿服务活动。通过综合包户、结对帮扶等多种方式,重点为社区内低保对象、特困人员、空巢老人、农村留守人员、困境儿童、残疾人、进城务工人员及随迁子女等困难群体提供亲情陪伴、生活照料、心理疏导、法律援助、社会融入等各类关爱服务,构建守望相助的邻里关系,推动社区志愿服务常态化。引导基金会等慈善组织支持社会工作者、志愿者深入城乡社区,依托社区社会组织为重点群体和困难群众提供关爱服务,为兜底保障、社区服务提供支持力量。

(2)“共建共治共享”系列社区协商活动。引导社区社会组织在城乡基层党组织领导下,协助基层群众性自治组织带动居民有序参与基层群众自治实践,依法开展自我管理、自我服务、自我教育、自我监督。倡导“有事好商量,众人的事由众人商量”,通过小区自管会、乡贤参事会等组织形式,发动社区居民和驻社区单位等多方主体围绕公共服务、矛盾调解、建设发展等社区重要事务，定期组织开展议事协商、乡贤参事等活动。发挥社区社会组织在汇聚民智、收集民意中的积极作用，通过委托开展居民调查等方式，指导社区社会组织发挥收集、反映居民诉求作用，拓展居民群众利益表达渠道。

(3)“共创平安”系列社区治理活动。发挥社区社会组织在社区治安综合治理中的积极作用，指导社区社会组织开展社区矛盾化解、纠纷调解、心理服务等工作。推动社区社会组织参与平安社区建设，协助做好社区矫正、社区戒毒、重点人员帮扶、社区康复，有序参与应急救援、疫情防控等工作。针对社区治安、环境卫生、物业管理、流动人口管理服务等社区突出问题，以社区社会组织为载体，广泛调动社区居民和驻社区单位参与治安巡逻、商圈整治、垃圾分类、就业对接等活动。

(4)“文化铸魂”系列精神文明创建活动。以社区社会组织为平台，推进社区文明创建。围绕践行社会主义核心价值观，指导社区社会组织广泛开展歌咏、读书、书法、朗诵、科普知识等群众性文化、教育活动，弘扬时代新风。发挥社区社会组织在社区文化建设中的积极作用，通过开展文化演出、非遗展示、民俗展演、文旅宣传、体育竞赛等活动，推动形成具有本地特色的社区文化、村镇文化、节日文化、广场文化。发挥农村红白理事会、乡风文明理事会等在改革婚丧礼仪等方面的作用，强化村规民约的引导作用和约束力，发动党员、村民代表带头签订移风易俗承诺书，倡导婚事新办、丧事俭办、喜事简办。各地要加强组织，通过动员社区社会组织开展“邻里守望”系列社区志愿服务活动、“共建共治共享”系列社区协商活动、“共创平安”系列社区治理活动、“文化铸魂”系列精神文明创建活动等主题活动，引导社区社会组织在提供社区服务、扩大居民参与、培育社区文化、促进社区和谐等方面发挥积极作用。力争到2023年，居民通过社区社会组织参与社区生活、享受社区服务更加广泛，对社区社会组织的感知度和认可度进一步提升，社区社会组织服务领域进一步拓展，服务质量进一步提升，成为推进城乡社区治理的重要力量。

知识链接

平安建设，是指通过采取法律、经济、行政等手段，使一定区域范围内的社会治安状况得到有效改善，人民群众安居乐业的工作过程，是近年来各级党委政府组织全民参与维护社会稳定的一项群众性创建活动。2005年12月，中共中央办公厅、国务院办公厅转发了《中央政法委员会、中央社会治安综合治理委员会关于深入开展平安建设的意见》。这标志着平安建设正式启动。后来，中央又出台了多项关于平安建设的政策、规定，平安建设的内涵得到了不断丰富和发展。

118. 社区社会组织项目运行方法有哪些？

(1)寻找需求。社区社会组织可以通过入户征求意见、召开社情民意分析会等途径，采集居民需求，认真梳理分析，理清社区居民群众普遍反映的热点、难点问题，建立居民需求信息库，并对儒求信息与社区社会组织自身定位加以分析，形成项目意向。

(2)寻找资源。针对居民群众需求，按照解决的时间、解决的途径等进行合理分类，除了那些可由社区自行解决的需求外，向政府、社会组织、市场、社区共建单位积极寻求支持帮助，形成适合于社区社会组织运作的服务项目方案。

(3)评审立项。可通过召开社区居民听证会、社区共建理事会、社区居民代表大会等形式，广泛征求意见。所需资金数额大、涉及面广的重大社区服务项目可组织专家评审。经讨论评审通过的社区服务项目，按照项目大小，分级进行立项。

(4)明确目标。进行立项的同时，要对项目实施的预期目标进行分析，比如收益群体的人数、群众的参与率、满意度等，在提出初步的预期目标后，由第三方专家评估组根据项目实际和预期目标制定出项目评估指标，并与社区对接，便于社区在项目实施的过程中就能考虑到项目后期的评估，注意一些原始台账的收集和整理。

(5)组织实施。明确承担项目的社区社会组织以及项目负责人，落实项目资金。按照项目实施方案，在一定的时限内，围绕项目目标进行实施。组织实施过程中，可以根据实际情况的变化，在不偏离既定目标的前提下，对实施方案进行适当调整。同时，为便于后期评估，还需要保存、收集一些台账资料。

(6)项目评估。活动项目实施后，可以通过第三方专家组对照项目预定的评估指标进行逐项评估，提出项目实效评估报告。评估的方式可以通过查阅台账资料、实地察看、居民走访座谈、调查问卷等形式进行。并对该服务项目的适用性和推广性以及实施过程中需要进一步完善的地方提出可供决策参考的意见和建议。

知识链接

根据《培育发展社区社会组织专项行动方案(2021—2023年)》的规定，在推进社区、社会工作者、社区志愿者、社区社会组织、社区公益慈善资源联动实践的基础上，结合实际组织开展社区服务项目洽谈会、公益创投大赛等社区公益服务供需对接活动，通过服务项目加强对社区社会组织的引导。要进一步强化项目意识，提升社区社会组织需求调研、项目设计、项目运作水平。推进社区社会组织品牌建设，引导优秀社区社会组织完善发展规划、加强项目宣传，提高品牌辨识度和社会知名度。

119. 如何充分发挥社区社会组织的积极作用?

想要充分发挥社区社会组织的积极作用,就要增强社区社会组织的服务功能。为此,需要推进社区、社会组织、社会工作“三社联动”,完善社区组织发现居民需求、统筹设计服务项目、支持社会组织承接、引导专业社会工作团队参与的工作体系,发挥社区社会组织在创新基层社会治理中的积极作用。

根据《民政部关于大力培育发展社区社会组织的意见》,增强社区社会组织的服务功能的主要措施有以下方面:

(1)提供社区服务。支持社区社会组织承接社区公共服务项目。推动家庭服务、健康服务、养老服务、育幼服务等领域的社区社会组织主动融入城乡社区便民利民服务网络,为社区居民提供多种形式的生活服务。鼓励社区社会组织多为社区内低保对象、特困人员、空巢老人、农村留守人员、困境儿童、残疾人等困难群体提供生活照料、文体娱乐、医疗保健等志愿服务。支持社会工作服务机构面向社区提供心理疏导、人文关怀、精神慰藉和心理健康等专业服务。引导农村社区社会组织发扬邻里互助的传统,开展以生产互助、养老互助、救助互助为主的活动,增强农村居民自我服务能力。

(2)扩大居民参与。发挥社区社会组织扎根社区、贴近群众的优势,广泛动员社区居民参与社区公共事务和公益事业。引导社区社会组织在基层党组织领导下,协助基层群众性自治组织推动社区居民有序参与基层群众自治实践,依法开展自我管理、自我服务、自我教育、自我监督等活动。引导社区居民在参与社区社会组织活动过程中有序表达利益诉求，养成协商意识、掌握协商方法、提高协商能力，协商解决涉及城乡社区公共利益的重大事项、关乎居民切身利益的实际问题和矛盾纠纷。鼓励社区社会组织参与制定自治章程、居民公约和村规民约，拓展流动人口有序参与居住地社区治理渠道，促进流动人口社区融入。

(3)培育社区文化。发挥社区社会组织在完善社区公共文化服务体系中的积极作用，丰富群众性文化活动，提升社区居民生活品质。指导社区社会组织在组织开展文化、教育、体育、科普、娱乐、慈善等社区居民活动中积极培育和践行社会主义核心价值观，倡导移风易俗，弘扬时代新风。鼓励社区社会组织参与社区楷模、文明家庭等各种社区创建活动，弘扬优秀传统文化，维护公序良俗，形成向上向善、孝老爱亲、与邻为善、守望互助的良好社区氛围，增强居民群众的社区认同感、归属感、责任感和荣誉感。

(4)促进社区和谐。发挥社区社会组织在源头治理方面的积极作用，协助提升社区矛盾预防化解能力。支持社区社会组织参与物业纠纷、农村土地承包经营纠纷、家庭纠纷、邻里纠纷调解和信访化解。指导社区社会组织参与群防群治，协助做好社区矫正、社区戒毒、刑满释放人员帮扶、社区防灾减灾、精神障碍社区康复等工作，积极参与平安社区建设，助力社区治安综合治理。

知识链接

中共中央办公厅、国务院办公厅《关于改革社会组织管理制度促进社会组织健康有序发展的意见》明确指出，“充分发挥社会组织服务国家、服务社会、服务群众、服务行业的作用”。社区社会组织培育发展同样要以“四个服务”为目标定位，才能符合时代的需要、得到社会的认可。必须清楚认识到，社区社会组织的建立和成长只是培育发展工作的表现，发展的最终目标还在于发挥其在社会治理中的积极作用。

培育发展工作的内容也不应止步于组织的孵化培育和登记在册,更重要的是建立起支持社区社会组织提升能力和发挥作用的机制。根据相关精神,畅通社区社会组织参与途径,引导社区社会组织在社区协商、公益慈善、社区文化、社区管理和居民服务等方面更好发挥作用,做好党和政府联系群众的桥梁纽带,把党的决策部署延伸为群众的自觉行动,把党的关怀送到群众中去,更多为群众办好事、解难事,切实提升居民的获得感、幸福感、参与感,推进社区居民共同参与社区治理的实效。

120. 社区社会组织培育发展的思路有哪些?

(1)应对社区社会组织已有资源和潜在资源调查研究,摸清底数,分析问题。结合当地社区建设的特点、形势与任务制定社区社会组织发展规划,优化现有社区社会组织的结构,提出总体目标,明确发展方向。同时要分析社区建设情况和社区成员的需求,努力引导和促进现有社区社会组织发挥作用。

(2)要突出重点,加快培育发展为社区居民服务的公益性社会组织。发展公益类社区社会组织是构成社会保障体系的组成部分,特别是为社区老年人、少年儿童、残疾人和下岗失业人员服务的社区社会组织,更需要扶持,要逐步使社区社会组织成为社区服务的主体力量。要广开门路,加快社区社会组织发展的社会化步伐,鼓励和支持企事业单位开放内部资源和发挥专业优势,多形式兴办社区服务、教育、文化、法律、卫生、体育和社会福利等社会组织。同时对一些基础好、作用突出的社区社会组织,可以通过奖励、补贴和购买服务等方式,予以资助和扶持。

(3)要积极探索社区社会组织的政治参与。要让社区社会组织参与社区民主管理,如参与决定社区重大事项,反馈居民意见和建议,监督居、委会干部,参与讨论决定重大公益事业等,从制度上保证并逐步形成社区社会组织有序参与社区民主决策、民主管理的运行机制,增强参与社区建设、管理的自觉性和积极性,促进社区真正实行民主选举、民主决策、民主管理和民主监督,提高社区自治水平。

知识链接

培育发展社区社会组织的意义:有利于激发基层活力,促进居民有序参与社区事务;有利于引导多方参与社区服务,满足群众多样化需求;有利于加强社区矛盾预防化解,助力和谐社区建设。

121. 社区社会组织的发展重点有哪些?

根据《民政部关于大力培育发展社区社会组织的意见》的规定,应加快生活服务类、公益慈善类和居民互助类社区社会组织的发展。重点培育为老年人、妇女、儿童、残疾人、失业人员、农民工、服刑人员或强制戒毒等限制自由人员的未成年子女、困难家庭、严重精神障碍患者、有不良行为青少年、社区矫正人员等特定群体服务的社区社会组织。鼓励支持有条件的社区社会组织吸纳社会工作专业人才,发挥“三社联动”优势。加快农村社区社会组织发展,引导它们有序参与乡村治理体系建设,在脱贫攻坚、就业创业、生产互助、卫生健康、文化体育、社会治安、纠纷调解、生活救助等方面发挥作用。支持高校毕业生、复转军人和返乡创业农民工创建农村社区社会组织或到农村社区社会组织中就业。

知识链接

社区社会组织主要从事的是与民生紧密相关的养老照护与慈善性服务工作，主要打交道的群体是社区老年人、妇女、儿童、残疾人、失业人员、农民工、服刑人员未成年子女、困难家庭、严重精神患者、有不良行为青少年、社区矫正人员等特定群体服务。社区社会组织更是一个社区群众了解国家法律、认识自己正当权益的教育窗口，对开展邻里互助、纠纷调解、平安创建等方面的工作，有着自身独特的优势。社区社会组织的发展，对稳定社会秩序、形成良好民风民德有着重要促进作用。

122. 如何加大对社区社会组织的扶持力度?

关于加大对社区社会组织的扶持力度，《民政部关于大力培育发展社区社会组织的意见》有以下规定：

(1)要协调有关部门加大对社区社会组织发展的资金支持，鼓励引导社会资金支持社区社会组织发展，推动建立多元化、制度化的资金保障机制。

(2)推动基层政府将城乡社区服务纳入政府购买服务指导目录，逐步扩大购买范围和规模，支持社区社会组织承接相关服务项目。

(3)中央财政支持社会组织参与社会服务项目将加大对社区服务类社会组织的支持力度。民政部门彩票公益金支持资助社区社会组织开展扶老、助残、救孤、济困等服务项目。鼓励有条件的地方设立社区发展基金会，为城乡社区治理募集资金，为其他社区社会组织提供资助。

(4)鼓励有条件的基层群众性自治组织对社区社会组织开展的公益

慈善类服务活动给予一定经费和服务场地支持。推动政府资金、社会资金等资金资源向农村社区社会组织和服务项目倾斜。

(5)依托街道(乡镇)社区服务中心、城乡社区服务站等设施,建立社区社会组织综合服务平台,鼓励将闲置的宾馆、办公用房、福利设施等国有或集体所有资产,通过无偿使用等优惠方式提供给社区社会组织开展公益活动。

(6)有条件的地方可探索设立孵化培育资金,建设孵化基地,为初创的社区社会组织提供公益创投、补贴奖励、活动场地、费用减免等支持。

知识链接

根据《培育发展社区社会组织专项行动方案(2021—2023年)》,培育发展社区社会组织的基本原则有以下方面:

(1)坚持党的领导。发挥城乡基层党组织的领导作用,将社区社会组织纳入创新基层社会治理、完善城乡社区服务体系的整体布局,确保社区社会组织工作始终沿着正确政治方向,始终服从服务大局。

(2)坚持以人民为中心。广泛调动社区居民和多方主体参与社区社会组织发展,做到需求由群众提出、活动有群众参与、成效让群众评判,引导社区社会组织更好提供服务、反映诉求、规范行为,积极推进共建共治共享。

(3)坚持问题导向。针对社区社会组织发展短板,以培育发展、能力提升、作用发挥为重点,打造有效工作载体,落实鼓励扶持政策,推动建立长效工作机制。

(4)坚持因地制宜。根据区域特点和经济社会发展实际,制定专项行动实施方案,推动工作重心下沉,细化实化工作措施,保证资源到位,坚持不懈抓好政策落地。

123. 如何加强对社区社会组织的管理?

加强对社区社会组织的管理,才能确保社区社会组织全面贯彻落实党的路线方针政策和决策部署,沿着正确方向发展。根据《民政部关于大力培育发展社区社会组织的意见》,加强对社区社会组织的管理主要体现在以下三个方面:

(1)加强党的领导

街道(乡镇)党(工)委和城乡社区党组织加强对社区社会组织各项工作的领导,建立城乡社区党组织与社区社会组织定期联系制度,组织和协共驻共建活动。

鼓励社区党员担任社区社会组织负责人,把符合条件的社区社会组织骨干培养发展为党员,把社区社会组织中的优秀党员吸收到城乡社区党组织领导班子中。

(2)加强工作指导

加强已登记的社区社会组织日常活动、负责人、资金往来、信息公开等方面的管理,通过抽查、评估、培训等方式,指导其强化自律诚信和守法意识,健全组织机构,完善运行机制,建立管理制度,强化组织人员、重大活动、收费标准等信息公开,自觉接受监督。

未达到登记条件的社区社会组织,街道办事处(乡镇政府)、基层群众性自治组织需做好培育扶持、服务指导等工作,指导其建立必要的活动制度和服务规范,自觉践行服务社区、服务居民的宗旨。对于存在问题的社区社会组织,须及时提醒和帮助纠正。

鼓励在街道(乡镇)成立社区社会组织联合会、社区社会组织服务中心等枢纽型社会组织，发挥管理服务协调作用，规范社区社会组织行为，提供资源支持、承接项目、代管资金、人员培训等服务。

(3)做好组织宣传

各级民政部门要积极争取党委和政府的重视与支持，推动将社区社会组织发展和管理工作纳入基层政府绩效考核内容和社会治安综合治理考评体系。

科学制定社区社会组织发展规划、扶持措施、管理制度，加大部门协调力度，完善工作运行机制，形成各部门共同支持社区社会组织发展的工作格局。

要及时归纳总结发展社区社会组织的先进经验，加大对社区社会组织优秀典型、先进事迹的表扬、奖励和宣传，营造关心、支持杜区社会组织发展的良好社会氛围。

知识链接

社区是人民群众生活的家园，做好社区社会组织工作有利于夯实我们党的基层执政力量。习近平总书记强调，“民心是最大的政治”。只有花大力气把社区、乡村、家庭等最基层的工作做好，把亿万人口有效整合起来、组织起来，才能持续形成人民群众紧密团结在党的周围的政治局面，形成我们党最坚实的执政基础，形成为夺取新时代中国特色社会主义新胜利而团结奋斗的强大力量。

社区社会组织具有鲜明的“社区”特点，是社会组织中最通民心、最接地气的一类。通过社区社会组织参与社区议事、管理社区事务、参与和享受社区服务，最直接地体现着基层群众的志愿性和参与性，体现着人民群众对美好的物质精神生活的向往。这种联系群众的广泛性、组织群众的便利性、服务群众的直接性优势，是其他社会组织有所不及的。基层党委政府以社区社会组织为纽带持续加强对社区群众活动的引导和支持，可以有效传递党的方针政策和关怀温暖，进一步紧密团结社区群众、巩固党和人民群众的血肉联系。

124. 如何对社区社会组织实施分类管理?

符合法定登记条件的社区社会组织，可以到所在县级民政部门申请登记。其中，符合直接登记条件的，还可以直接提出登记申请，由民政部门加快审核办理程序，并简化登记程序。对未达到登记条件的社区社会组织，按照不同规模、业务范围、成员构成和服务对象，由街道办事处（乡镇政府）实施管理，加强分类指导和业务指导；对规模较小组织较为松散的社区社会组织，由社区党组织领导，基层群众性自治组织对其活动进行指导和管理。

知识链接

在城乡社区开展为民服务、养老照护、公益慈善、促进和谐、文体娱乐和农村生产技术服务等活动的社区社会组织，采取降低准入门槛的办法，支持鼓励发展。

125. 如何促进社区社会组织能力的提升?

关于促进社区社会组织能力的提升，《民政部关于大力培育发展社区社会组织的意见》有以下规定：

(1)加强社区社会组织人才培养,通过强化业务培训、引导参加相关职业资格考试等措施,着力培养一批热心社区事务、熟悉社会组织运作、具备专业服务能力的社区社会组织负责人和业务骨干。

(2)推动建立专业社会工作者与社区社会组织联系协作机制,发挥专业支撑作用,提升社区社会组织服务水平。

(3)强化社区社会组织项目开发能力,通过开展社区服务项目交流会、公益创投大赛等方式,指导社区社会组织树立项目意识,提升需求发现、项目设计、项目运作水平。

(4)推进社区社会组织品牌建设,引导优秀社区社会组织完善自身发展规划和品牌塑造,加强公益活动宣传,提高品牌辨识度和社会知晓度。

(5)指导社区社会组织规范资金使用和活动开展,强化决策公开和运作透明,不断提升服务绩效和社会公信力。

知识链接

社区社会组织涉及科学、教育、文化、卫生、治安等诸多领域。从工作指导的层面看,民政部门要主动牵头,协同有关单位落实相关工作,如会同组织部门共同抓好党组织对社区社会组织的领导工作,发挥社区党组织的政治核心作用;会同宣传部门做好宣传表彰工作,宣传先进典型树立榜样。

社区党建工作应覆盖到群众团队和社会组织之中,建立党建工作责任区,在各类社会组织中确定兼职党建联络员,落实党建工作责任制。社区社会组织可以通过党建工作,形成合力,为社会组织预警网络的建立提供新途径。

第七章　其他公益组织

126. 中国红十字会是什么组织？

中国红十字会是中华人民共和国统一的红十字组织，是从事人道主义工作的社会救助团体。中华人民共和国公民，不分民族、种族、性别、职业、宗教信仰、教育程度，承认中国红十字会章程并缴纳会费的，可以自愿参加中国红十字会。

知识链接

《中国红十字会章程》第二条：

中国红十字会是中国共产党领导下的群团组织，是中华人民共和国统一的红十字组织，是从事人道主义工作的社会救助团体，是党和政府在人道领域的助手和联系群众的桥梁纽带，是国际红十字运动的成员。

127. 中国红十字会的组织结构是怎样的？

根据《中华人民共和国红十字会法》，中国红十字会的组织结构如下：

(1)中国红十字会总会，中国红十字会总会对外代表中国红十字会。

(2)县级以上地方按行政区域建立地方各级红十字会。

(3)全国性行业根据需要可以建立行业红十字会。

(4)各级红十字会设立理事会、监事会。理事会、监事会由会员代表大会选举产生,向会员代表大会负责并报告工作,接受其监督。执行委员会是理事会的常设执行机构,其人员组成由理事会决定,向理事会负责并报告工作。监事会民主推选产生监事长和副监事长。

(5)中国红十字会总会可以设名誉会长和名誉副会长。名誉会长和名誉副会长由中国红十字会总会理事会聘请。

知识链接

《中华人民共和国红十字会法》第十条:

中国红十字会总会具有社会团体法人资格;地方各级红十字会、行业红十字会依法取得社会团体法人资格。

128. 中国红十字会的职责是什么?

(1)开展救援、救灾的相关工作,建立红十字应急救援体系。在战争、武装冲突和自然灾害、事故灾难、公共卫生事件等突发事件中,对伤病人员和其他受害者提供紧急救援和人道救助。

(2)开展应急救护培训,普及应急救护、防灾避险和卫生健康知识,组织志愿者参与现场救护。

(3)参与、推动无偿献血、遗体和人体器官捐献工作,参与开展造血干细胞捐献的相关工作。

(4)组织开展红十字志愿服务、红十字青少年工作。

(5)参加国际人道主义救援工作。

(6)宣传国际红十字和红新月运动的基本原则和日内瓦公约及其附加议定书。

(7)依照国际红十字和红新月运动的基本原则,完成人民政府委托事宜。

(8)依照日内瓦公约及其附加议定书的有关规定开展工作。

(9)协助人民政府开展与其职责相关的其他人道主义服务活动。

知识链接

《中华人民共和国红十字会法》第十二条:

在战争、武装冲突和自然灾害、事故灾难、公共卫生事件等突发事件中,执行救援、救助任务并标有红十字标志的人员、物资和交通工具有优先通行的权利。

《中华人民共和国红十字会法》第十三条:

任何组织和个人不得阻碍红十字会工作人员依法履行救援、救助、救护职责。

129. 中国红十字会的标志有什么作用?

中国红十字会使用白底红十字标志。红十字标志具有保护作用和标明作用。

红十字标志的保护使用,是标示在战争、武装冲突中必须受到尊重和保护的人员和设备、设施。其使用办法,依照日内瓦公约及其附加议定书的有关规定执行。

红十字标志的标明使用，是标示与红十字活动有关的人或者物。其使用办法，由国务院和中央军事委员会依据《中华人民共和国红十字会法》规定。

另外，国家武装力量的医疗卫生机构使用红十字标志，应当符合日内瓦公约及其附加议定书的有关规定。

知识链接

《中华人民共和国红十字会法》第十六条：

红十字标志和名称受法律保护。禁止利用红十字标志和名称牟利，禁止以任何形式冒用、滥用、篡改红十字标志和名称。

130.红十字会的财产来源是什么？

红十字会财产的主要来源包括以下方面：红十字会会员缴纳的会费；境内外组织和个人捐赠的款物；动产和不动产的收入；人民政府的拨款；其他合法收入。

知识链接

《中华人民共和国红十字会法》第十八条：

国家对红十字会兴办的与其宗旨相符的公益事业给予扶持。

《中华人民共和国红十字会法》第十九条：

红十字会可以依法进行募捐活动。募捐活动应当符合《中华人民共和国慈善法》的有关规定。

《中华人民共和国红十字会法》第二十条：

红十字会依法接受自然人、法人以及其他组织捐赠的款物，应当向捐赠人开具由财政部门统一监(印)制的公益事业捐赠票据。捐赠人匿名或者放弃接受捐赠票据的,红十字会应当做好相关记录。

捐赠人依法享受税收优惠。

131. 对红十字会的监管措施是什么?

根据《中华人民共和国红十字会法》,对红十字会的监管措施有以下方面:

(1)红十字会应当按照募捐方案、捐赠人意愿或者捐赠协议处分其接受的捐赠款物。捐赠人有权查询、复制其捐赠财产管理使用的有关资料,红十字会应当及时主动向捐赠人反馈有关情况。红十字会违反募捐方案、捐赠人意愿或者捐赠协议约定的用途,滥用捐赠财产的,捐赠人有权要求其改正;拒不改正的,捐赠人可以向人民政府民政部门投诉、举报或者向人民法院提起诉讼。

(2)红十字会应当建立财务管理、内部控制、审计公开和监督检查制度。红十字会的财产使用应当与其宗旨相一致。红十字会对接受的境外捐赠款物,应当建立专项审查监督制度。红十字会应当及时聘请依法设立的独立第三方机构,对捐赠款物的收入和使用情况进行审计,将审计结果向红十字会理事会和监事会报告,并向社会公布。

(3)红十字会应当建立健全信息公开制度,规范信息发布,在统一的信息平台及时向社会公布捐赠款物的收入和使用情况,接受社会监督。

(4)红十字会财产的收入和使用情况依法接受人民政府审计等部门的监督。红十字会接受社会捐赠及其使用情况,依法接受人民政府民政部门的监督。

(5)任何组织和个人不得私分、挪用、截留或者侵占红十字会的财产。

知识链接

《中国红十字会章程》第四十九条:

各级红十字会财产的收入及其使用情况、接受社会捐赠及其使用情况,依法接受人民政府有关部门的监督。

《中国红十字会章程》第五十条:

各级红十字会的经费和财产受法律保护,任何组织和个人不得私分、挪用、截留或者侵占。

132.关于红十字会,哪些情形要被追究法律责任?

红十字会发生以下行为要被追究法律责任:

(1)红十字会及其工作人员有下列情形之一的,由同级人民政府审计、民政等部门责令改正;情节严重的,对直接负责的主管人员和其他直接责任人员依法给予处分;造成损害的,依法承担民事责任;构成犯罪的,依法追究刑事责任:违背募捐方案、捐赠人意愿或者捐赠协议,擅自处分其接受的捐赠款物的;私分、挪用、截留或者侵占财产的;未依法向捐赠人反馈情况或者开具捐赠票据的;未依法对捐赠款物的收入和使用情况进行审计的;未依法公开信息的;法律、法规规定的其他情形。

(2)自然人、法人或者其他组织有下列情形之一,造成损害的,依法承担民事责任;构成违反治安管理行为的,依法给予治安管理处罚;构成犯罪的，依法追究刑事责任：冒用、滥用、篡改红十字标志和名称的；利用红十字标志和名称牟利的；制造、发布、传播虚假信息，损害红十字会名誉的；盗窃、损毁或者以其他方式侵害红十字会财产的；阻碍红十字会工作人员依法履行救援、救助、救护职责的；法律、法规规定的其他情形。红十字会及其工作人员有前两种行为的，按照上述规定处罚。

(3)各级人民政府有关部门及其工作人员在实施监督管理中滥用职权、玩忽职守、徇私舞弊的，对直接负责的主管人员和其他直接责任人员依法给予处分；构成犯罪的，依法追究刑事责任。

知识链接

《中华人民共和国红十字会法》第四条：

中国红十字会应当遵守宪法和法律，遵循国际红十字和红新月运动确立的基本原则，依照中国批准或者加入的日内瓦公约及其附加议定书和中国红十字会章程，独立自主地开展工作。

中国红十字会全国会员代表大会依法制定或者修改中国红十字会章程，章程不得与宪法和法律相抵触。

133. 境外非政府组织在中国登记和备案，应当遵循什么法律程序？

根据《中华人民共和国境外非政府组织境内活动管理法》，境外非政府组织在中国登记和备案，应当遵循的法律程序包括以下方面：

(1)境外非政府组织在中国境内开展活动，应当依法登记设立代表机构；未登记设立代表机构需要在中国境内开展临时活动的，应当依法备案。境外非政府组织未登记设立代表机构、开展临时活动未经备案的,不得在中国境内开展或者变相开展活动,不得委托、资助或者变相委托、资助中国境内任何单位和个人在中国境内开展活动。

(2)境外非政府组织应当自业务主管单位同意之日起三十日内,向登记管理机关申请设立代表机构登记。申请设立代表机构登记,应当向登记管理机关提交下列文件、材料:申请书;符合《中华人民共和国境外非政府组织境内活动管理法》第十条规定的证明文件、材料;拟设代表机构首席代表的身份证明、简历及其无犯罪记录证明材料或者声明;拟设代表机构的住所证明材料;资金来源证明材料;业务主管单位的同意文件;法律、行政法规规定的其他文件、材料。登记管理机关审查境外非政府组织代表机构设立申请,根据需要可以组织专家进行评估。登记管理机关应当自受理申请之日起六十日内作出准予登记或者不予登记的决定。

(3)对准予登记的境外非政府组织代表机构,登记管理机关发给登记证书,并向社会公告。登记事项包括:名称;住所;业务范围;活动地域;首席代表;业务主管单位。境外非政府组织代表机构凭登记证书依法办理税务登记,刻制印章,在中国境内的银行开立银行账户,并将税务登记证件复印件、印章式样以及银行账户报登记管理机关备案。

(4)境外非政府组织代表机构需要变更登记事项的,应当自业务主管单位同意之日起三十日内,向登记管理机关申请变更登记。

知识链接

《中华人民共和国境外非政府组织境内活动管理法》第二条:

境外非政府组织在中国境内开展活动适用本法。

本法所称境外非政府组织,是指在境外合法成立的基金会、社会团体、智库机构等非营利、非政府的社会组织。

《中华人民共和国境外非政府组织境内活动管理法》第六条:

国务院公安部门和省级人民政府公安机关，是境外非政府组织在中国境内开展活动的登记管理机关。

《中华人民共和国境外非政府组织境内活动管理法》第十条：

境外非政府组织符合下列条件，根据业务范围、活动地域和开展活动的需要，可以申请在中国境内登记设立代表机构：

（一）在境外合法成立；

（二）能够独立承担民事责任；

（三）章程规定的宗旨和业务范围有利于公益事业发展；

（四）在境外存续二年以上并实质性开展活动；

（五）法律、行政法规规定的其他条件。

《中华人民共和国境外非政府组织境内活动管理法》第十一条：

境外非政府组织申请登记设立代表机构，应当经业务主管单位同意。

业务主管单位的名录由国务院公安部门和省级人民政府公安机关会同有关部门公布。

134. 境外非政府组织在中国境内开展临时活动，需要办理什么手续？

境外非政府组织开展临时活动，中方合作单位应当按照国家规定办理审批手续，并在开展临时活动十五日前向其所在地的登记管理机关备案。备案应当提交下列文件、材料：境外非政府组织合法成立的证明文件、材料；境外非政府组织与中方合作单位的书面协议；临时活动的名称、宗旨、地域和期限等相关材料；项目经费、资金来源证明材料及中方合作单位的银行账户；中方合作单位获得批准的文件；法律、行政法规规定的其他文件、材料。

在赈灾、救援等紧急情况下，需要开展临时活动的，备案时间不受上述规定的限制。

临时活动期限不超过一年，确实需要延长期限的，应当重新备案。

知识链接

《中华人民共和国境外非政府组织境内活动管理法》第十六条：

境外非政府组织未在中国境内设立代表机构，在中国境内开展临时活动的，应当与中国的国家机关、人民团体、事业单位、社会组织（以下称中方合作单位）合作进行。

135. 法律对境外非政府组织在中国境内的业务范围和活动有什么要求？

关于法律对境外非政府组织在中国境内的业务范围和活动的要求，《中华人民共和国境外非政府组织境内活动管理法》有以下规定：

（1）境外非政府组织依照《中华人民共和国境外非政府组织境内活动管理法》可以在经济、教育、科技、文化、卫生、体育、环保等领域和济困、救灾等方面开展有利于公益事业发展的活动。

（2）境外非政府组织在中国境内依法开展活动，受法律保护。

（3）境外非政府组织在中国境内开展活动应当遵守中国法律，不得危害中国的国家统一、安全和民族团结，不得损害中国国家利益、社会公共利益和公民、法人以及其他组织的合法权益。境外非政府组织在中国境内不得从事或者资助营利性活动、政治活动，不得非法从事或者资助宗教活动。

知识链接

《中华人民共和国境外非政府组织境内活动管理法》第十八条：

境外非政府组织代表机构应当以登记的名称，在登记的业务范围和活动地域内开展活动。

境外非政府组织不得在中国境内设立分支机构，国务院另有规定的除外。

《中华人民共和国境外非政府组织境内活动管理法》第十九条：

境外非政府组织代表机构应当于每年12月31日前将包含项目实施、资金使用等内容的下一年度活动计划报业务主管单位，业务主管单位同意后十日内报登记管理机关备案。特殊情况下需要调整活动计划的，应当及时向登记管理机关备案。

《中华人民共和国境外非政府组织境内活动管理法》第二十条：

境外非政府组织在中国境内开展活动不得对中方合作单位、受益人附加违反中国法律法规的条件。

136. 境外非政府组织的违法活动和处置措施有哪些?

根据《中华人民共和国境外非政府组织境内活动管理法》，境外非政府组织的违法活动和处置措施包括以下方面：

(1)境外非政府组织代表机构、开展临时活动的境外非政府组织或者中方合作单位有下列情形之一的，由设区的市级以上人民政府公安机关给予警告或者责令限期停止活动、没收非法财物和违法所得、情节严重的由登记管理机关吊销登记证书、取缔临时活动：①未按照规定办理变更登记、备案相关事项的；②未按照登记或者备案的名称、业务范围、活动地域开展活动的；③从事、资助营利性活动，进行募捐或者违反规定发展会员的；④违反规定取得、使用资金，未按照规定开立、使用银行账户或者进行会计核算的；⑤未按照规定报送年度活动计划、报送或者公开年度工作报告的；⑥拒不接受或者不按照规定接受监督检查的；⑦提供虚假材料等非法手段，取得代表机构登记证书或者进行临时活动备案的；⑧有伪造、变造、买卖、出租、出借登记证书、印章行为的。

(2)境外非政府组织有下列情形之一的，由设区的市级以上人民政府公安机关予以取缔或者责令停止违法行为、没收非法财物和违法所得、对直接责任人员给予警告、情节严重的处十日以下拘留：①未经登记、备案，以境外非政府组织代表机构、境外非政府组织名义开展活动的；②被撤销登记、吊销登记证书或者注销登记后以境外非政府组织代表机构名义开展活动的；③境外非政府组织临时活动期限届满或者临时活动被取缔后在中国境内开展活动的；④境外非政府组织未登记代表机构、临时活动未备案，委托、资助中国境内单位和个人在中国境内开展活动的。

中国境内单位和个人明知境外非政府组织未登记代表机构、临时活动未备案，与其合作的，或者接受其委托、资助，代理或者变相代理其开展活动、进行项目活动资金收付的，依照上述规定处罚。

(3)境外非政府组织、境外非政府组织代表机构有下列情形之一的，由登记管理机关吊销登记证书或者取缔临时活动；尚不构成犯罪的，由设区的市级以上人民政府公安机关对直接责任人员处十五日以下拘留：①煽动抗拒法律、法规实施的；②非法获取国家秘密的；③造谣、诽谤或者发表、传播其他有害信息，危害国家安全或者损害国家利益的；④从事或者资助政治活动，非法从事或者资助宗教活动的；⑤有其他危害国家安全、损害国家利益或者社会公共利益情形的。

境外非政府组织、境外非政府组织代表机构有分裂国家、破坏国家统一、颠覆国家政权等犯罪行为的，由登记管理机关依照上述规定处罚，对直接责任人员依法追究刑事责任。

(4)境外非政府组织、境外非政府组织代表机构违反《中华人民共和国境外非政府组织境内活动管理法》规定被撤销登记、吊销登记证书或者临时活动被取缔的，自被撤销、吊销、取缔之日起五年内，不得在中国境内再设立代表机构或者开展临时活动。

未登记代表机构或者临时活动未备案开展活动的境外非政府组织，自活动被取缔之日起五年内，不得在中国境内再设立代表机构或者开展临时活动。有《中华人民共和国境外非政府组织境内活动管理法》四十七条规定情形之一的境外非政府组织，国务院公安部门可以将其列入不受欢迎的名单，不得在中国境内再设立代表机构或者开展临时活动。

(5)境外非政府组织代表机构被责令限期停止活动的，由登记管理机关封存其登记证书、印章和财务凭证。对被撤销登记、吊销登记证书的，由登记管理机关收缴其登记证书、印章并公告作废。

(6)境外人员违反《中华人民共和国境外非政府组织境内活动管理法》规定的,有关机关可以依法限期出境、遣送出境或者驱逐出境。

(7)公安机关、有关部门和业务主管单位及其工作人员在境外非政府组织监督管理工作中,不履行职责或者滥用职权、玩忽职守、徇私舞弊的,依法追究法律责任。

(8)违反《中华人民共和国境外非政府组织境内活动管理法》规定,构成违反治安管理行为的,由公安机关依法给予治安管理处罚;构成犯罪的,依法追究刑事责任。

知识链接

《中华人民共和国境外非政府组织境内活动管理法》第二十一条:

境外非政府组织在中国境内活动资金包括:

(一)境外合法来源的资金;

(二)中国境内的银行存款利息;

(三)中国境内合法取得的其他资金。

境外非政府组织在中国境内活动不得取得或者使用前款规定以外的资金。

境外非政府组织及其代表机构不得在中国境内进行募捐。

参考文献

[1]郭金云.社会组织发展与社区协同共治[M].北京:中国社会出版社,2018.

[2]胡瑜,郭仁露,巩彦平.青少年公益行为研究[M].上海:上海社会科学院出版社,2020.

[3]金锦萍.公益信托与慈善信托专论[M].北京:社会科学文献出版社,2020.

[4]李健.我国慈善组织信息公开研究[M].北京:中国社会出版社,2017.

[5]林淑馨.非营利组织概论[M].上海:华东理工大学出版社,2018.

[6]陆璇,林文漪.公益慈善法律教程[M].西安:西安交通大学出版社,2020.

[7]陆璇.中国慈善法手册[M].北京:法律出版社,2019.

[8]马玉丽.社会组织与社会治理研究[M].济南:山东大学出版社,2019.

[9]全国人大常委会办公厅.中华人民共和国公益事业捐赠法[Z].北京:中国民主法制出版社,2008.

[10]上海市律师协会社.社会公益组织法律实务与案例[M].北京:法律出版社,2020.

[11]唐有财.中国城市社区基金会发展及运作研究[M].上海:华东理工大学出版社,2020.

[12]王忠平,沈立伟.志愿服务实务丛书志愿服务组织建设与项目管理[M].北京:中国人民大学出版社,2018.

[13]魏娜.志愿服务实务丛书志愿服务概论[M].北京:中国人民大学出版社,2018.

[14]谢敏.政府购买服务视域下社会工作机构发展研究[M].湘潭:湘潭大学出版社,2019.

[15]熊长英.基层综合性社会福利机构服务标准实用指南[M].武汉:长江出版社,2018.

[16]杨涛.社会服务机构管理[M].南京:南京大学出版社,2019.

[17]张晓红.志愿服务理论与实践[M].北京:中国青年出版社,2019.

[18]章敏敏.我国城市社区社会组织自治性研究[M].天津:天津人民出版社,2017.

[19]郑功成.《中华人民共和国慈善法》解读与应用[M].北京:人民出版社,2016.